Paul Rehfeld

GOLDFIEBER

Paul Rehfeld

GOLDFIEBER

Roman

Impressum

Bibliografische Information der Deutschen Nationalbibliothek: Die Deutsche Nationalbibliothek verzeichnet diese Publikation in der Deutschen Nationalbibliografie; detaillierte bibliografische Daten sind im Internet über dnb.dnb.de abrufbar.

Hubertusstraße 14, 10365 Berlin
Tel.: (030) 993 93 16 Fax.: (030) 994 01888
eMail: info@anthea-verlag.de
Verlagsleitung: Margarita Stein
www.anthea-verlag.de

Ein Verlag in der ANTHEA VERLAGSGRUPPE.
www.anthea-verlagsgruppe.de

Bildnachweis / Umschlaggestaltung: Paul Rehfeld
Illustratorin: Lydia Nowottnick
Lektorat: Paul Richter
Satz: Stefan Zimmermann
Druck: Libri Plureos GmbH, Friedensallee 273, 22763 Hamburg

ISBN 978-3-89998-379-1

Inhalt

Personenverzeichnis

Sergej Uchmatow
Sicherheits-Chef einer sibirischen Goldhütte

Raissa Uchmatowa
Seine Schwester, Hubschrauberpilotin aus Moskau

Daniel Gohlke - Jungbauer im Oderbruch

Hans Gohlke - sein Vater, Einzelbauer im Dorf Ortwig

Marianne Gohlke - Daniels Mutter, Bäuerin

Bartosz Kwisnewski - Hafenmeister in Swinemünde/Polen

Grigori Wolkonski - Direktor einer sibirischen Goldhütte

Vadim Serpuchin
Belorusse, ehemaliger Offizier der Sowjetarmee

Gotthilf Domscheit - Schmied

Adriaan v. d. Kerkhoff - Holländischer Geschäftsmann

Filip Pomorski - Juwelier aus Stettin

Dorota - arbeitslose Journalistin, Hotelangestellte in Stettin

Maxim van der Velde - Goldhändler aus Amsterdam

Manfred Stolpe
ehemaliger Ministerpräsident von Brandenburg

Matthias Platzeck
ehemaliger Umweltminister von Brandenburg

Wasser marsch

Juli 1997

Berlin. Theater *Berliner Ensemble*.

Die Dreigroschenoper von Bertold Brecht gehört zu den Lieblingsstücken des brandenburgischen Ministerpräsidenten. Er kennt das Stück in und auswendig und ist begeistert von den frechen Songs. Der Konkurrenzkampf zwischen dem zwielichtigen Bettlerkönig Peachum und dem Verbrecher Mackie Messer erinnert ihn an das Hauen und Stechen im Bundesrat, wenn die Chefs der Länder um die Zuwendungen aus dem Bundeshaushalt miteinander streiten.

Heute Abend ist Manfred Stolpe zum Ende des zweiten Aktes ein wenig eingeschlummert, auf der Bühne wird grad „Die *Ballade vom angenehmen Leben*" dargeboten. Der Song fließt ruhig dahin, der Refrain *NUR WER IM WOHLSTAND LEBT, LEBT ANGENEHM!* kitzelt Stolpes Trommelfell. Hier in der plüschig gepolsterten Theaterloge trifft dieser Text ins Schwarze seiner Gefühlslage. Doch hundert Kilometer weiter an der deutsch-polnischen Grenze droht Ungemach für ihn und sein geliebtes Brandenburg.

Die Hochwassertage an der Oder fordern dem Einundsechzigjährigen mittlerweile alles ab. Nicht enden wollende Krisensitzungen des Kabinetts haben ihm in den letzten Tagen viele Stunden seines geliebten Nachtschlafs geraubt. Allerdings mochte er auch heute nicht auf die Bitte seiner Frau hören, statt sich zu amüsieren, lieber ein paar Stunden zu ruhen, und sei es nur auf der Schlafcouch in der Staatskanzlei. Viel zu sehr liebt er die Dreigroschenoper, als dass er sich die einmalige Gelegenheit entgehen lässt, in der Hauptrolle den legendären Sänger der Toten Hosen, Campino, erleben zu können. Denn Stolpe i0st nicht nur Brecht-Anhänger, sondern wie sein Enkel auch, ein Fan der berühmten Düsseldorfer Punkband.

Stolpe hat den Ellbogen auf die Lehne des bequemen Logensessels gestützt, schläfrig ruht der Kopf in seiner schmalen Hand, die Augen sind nur noch halb geöffnet. Sein Atem geht tief, doch sein Unterbewusstsein weiß, dass er an diesem Ort nicht schnarchen darf. Grad als auch der hinter ihm sitzende Personenschützer für einen Moment einzudösen droht, betritt sein Referent die Loge. Als er seinem Chef auf die Schulter tippt, ist dieser sofort hellwach und vernimmt die geflüsterten Worte: „Der Oderdamm bei Brieskow-Finkenheerd ist gebrochen, die Ziltendorfer Niederung säuft ab."
Als der Beifall am Ende des Aktes aufbraust, sitzt der Ministerpräsident längst in seiner Limousine. Der Fahrer nimmt Kurs auf Eisenhüttenstadt, dem Sitz des Hochwasser-Einsatzstabes MITTLERE ODER. Im Auto erreicht ihn ein Anruf aus Hamburg, die Büroleiterin des Bundeskanzlers a.D. drückt dort auf die Verbindungstaste. „Hallo! Hier Helmut Schmidt am Apparat. Ich sehe grad im Fernsehen, was bei Euch in Brandenburg so los ist. Mein gut gemeinter Rat, lieber Stolpe. Zögern Sie keine Sekunde, die Bundeswehr anzufordern. Bei der 62er Sturmflut in Hamburg war das meine wichtigste Entscheidung. Ohne die Hubschrauber der Luftwaffe hätten wir doppelt so viele Opfer beklagen müssen …" Die Verbindung wird abrupt unterbrochen, der Wagen des Ministerpräsidenten ist in einem Funkloch gestrandet.

*

Tschechien.

Auf dem Truppenübungsplatz Libavá lagert im Schatten einer Baumgruppe eine Kompanie junger Rekruten. Die Hälfte ihres harten Ausbildungstages haben sie hinter sich gebracht, jetzt liegen sie, immer noch hochrot im Gesicht, am Rand einer

Senke; zu ihren Füßen schlängelt sich ein Bächlein. Es bildet den Ursprung des mehr als achthundert Kilometer langen Oderflusses. Die Soldaten haben vor einer Woche hier im Odergebirge ihr Biwak aufgeschlagen.
Fernab von der Außenwelt wissen sie noch nicht, dass eine sogenannte 5-B-Wetterlage, ausgelöst durch die Tiefdruckgebiete Xolska und Zoe, ausgedehnte Starkregenschläge im Riesen- und im Altvatergebirge niedergehen lässt. Noch am selben Abend wird ihr Kompanieführer einen Funkspruch erhalten: *Das Ausbildungscamp ist sofort zu beenden! Die Soldaten sollen sich für die Evakuierung von überschwemmten Dörfern flussabwärts auf den Weg machen.*

*

Polen.
Am Oberlauf der Oder geht es hoch her. Schwere Regenfälle treiben den Flusspegel blitzschnell nach oben und setzen ganze Landstriche unter Wasser. Die örtlichen Behörden sind völlig überfordert. Bei der Evakuierung der Bevölkerung unterlaufen ihnen Reihenweise schwere Pannen. Der sonst so brave Fluss tritt kilometerweit über die Ufer, lässt Städte und Dörfer über Nacht absaufen und zeigt den Anrainern sein brutales Gesicht.

*

Blick von oben. 24 Stunden zuvor.
Bereits seit sechs Uhr ist an diesem Tag der brandenburgische Umweltminister in der Luft und schaut aus einem Bundeswehr-Hubschrauber auf die modrigen Wassermassen der Oder; sie sind zu einem endlosen See in Nord-Süd-Richtung angeschwollen, nur begrenzt von den Dämmen auf polnischer und deutscher Seite. Direkt unter ihm liegt die Warthe, nördlich von Küstrin-Kietz mündet sie in die Oder. Der Minister ist kein

Mensch, der schnell in Panik verfällt. Aber die stündlich wachsenden Pegelstände treiben ihm die Schweißperlen auf die Stirn. Während er kurz die Augen schließt, denkt er zurück an seine Begegnung mit jener betagten Kietzer Lehrerin, die ihm davon erzählt hatte, wie sie im März 1947 vor dem Hochwasser zu Fuß auf die Seelower Höhen geflüchtet war. Auf dem Bahndamm von Kietz nach Strausberg hatte sie sich mit ihrem Mann von Eisenbahnschwelle zu Eisenbahnschwelle in Richtung Gusow vorarbeiten müssen.
Noch vor wenigen Wochen hatten der Minister und sein Stab die wachsenden Pegelstände in Tschechien und Polen als nicht besonders bedenklich eingestuft. Als jedoch um den 10. Juli herum Opole evakuiert werden muss, ist es vorbei mit der Ruhe. Pegelstände von mehr als zehn Metern an der polnischen Oder lassen auch im Brandenburger Umweltministerium die Alarmglocken läuten. Noch weiß der Minister nicht, dass in der nächsten Nacht die Dämme in Brieskow-Finkenheerd brechen werden. Seinen Feierabend und die kommende Nacht wird er in Frankfurt/Oder verbringen. Dort erwartet ihn eine Journalistin des Ostdeutschen Rundfunks Brandenburg zum Interview beim gemeinsamen Abendessen im Ratskeller.

***

Jelzins Gold

Frühjahr 1997

Russland. Sibirien.

Der werkseigene Hubschrauber des Hüttenkombinats *XII. Parteitag der KPdSU* setzt die beiden Jäger nach zwei Stunden Flug auf der kleinen Lichtung neben der Jagdhütte ab. Meterhoch stiebt der Schnee bei der Landung. Diese Stelle im Wald ist dem Piloten vertraut, auf dem Flug hierher folgte er dem Lauf des zugefrorenen Flusses. Es ist nicht sein erster Einsatz in dieser Gegend. Mit an Bord sind Grigori Wolkonski, der Erste Direktor und Sergej Uchmatow, der Sicherheits-Chef des Hüttenkombinats. Die beiden ehemaligen Offiziere gehören zu den Top-Angestellten, ihr Betrieb produziert seit Jahrzehnten reines Gold. Schon zu Stalins Zeiten wurde hier im sibirischen Kolyma-Gebirge das goldhaltige Erz gefördert und unter strengsten Sicherheitsvorkehrungen verhüttet. So ist es auch noch 1997, achtzig Jahre nach der Oktoberrevolution. Früher schufteten hier die Sträflinge des GULag, heute sind es normale Arbeiter, die das Erz aus der Erde holen. In Regierungskreisen wird das Unternehmen in einer Mischung aus Spott und Hochachtung gern *STALINS GOLDESEL genannt.*

*

Friedliche Stille herrscht ringsherum als die Turbinen des Hubschraubers verstummt sind, und die Männer im Freien stehen. Sie schauen sich vorsichtig um, das Gewehr wegen der angriffslustigen, nach dem Winterschlaf stets hungrigen Bären, griffbereit in der Hand. Das letzte Mal waren die Jäger voriges Jahr im Spätsommer hier. Allerdings reichte es damals nur zu einer kurzen Stippvisite, von den stechwütigen Moskitos waren sie schnell verjagt worden. Jetzt, im späten Frühjahr, haben sie ihren Ausflug besser geplant. Es liegt noch eine geschlossene

Schneedecke, keine blutsaugenden Insekten weit und breit, die Nächte sind frostklar, und auch am Tage ist es noch kalt.
Die Gegend ist ideal für die Jagd auf Schwarzbären, Wildschweine und Wölfe. Vor allem deshalb sind Wolkonski und Uchmatow hier. Noch heute wollen sie auf ihren Anstand unweit der Blockhütte klettern. Aus vier Metern Höhe hat man einen guten Überblick über das, was im Wald so kreucht und fleucht. Fleischbrocken zum Anfüttern der Tiere haben sie auch dabei. Sobald der Hubschrauber den Rückflug angetreten hat, wollen sie die Köder auslegen.
Sergej Uchmatow hat aber noch einen eigenen Plan. Er will dem sibirischen Zobel nachstellen. Sein neues Jagdgewehr mit hochauflösender Nachtzieloptik soll erstmals zum Einsatz kommen. Den Zobel einfach so im Wald anzutreffen ist jedoch schwierig, das Tier ist klein und flink und nur in der Dämmerung aktiv. Wie schon zu Zarenzeiten, ist die private Zobeljagd auch heute streng verboten. Doch Sergej ficht das nicht an, Verbote des Staates ignoriert er gern mal. So wie es Generationen von Russen schon immer taten. Es gilt das alte Motto: *Russland ist groß, und der Zar ist weit.*
Vier Tage Aufenthalt haben die Jäger eingeplant. Ihre geräumige Blockhütte bietet dafür allen Komfort. Die Eingangstür ist nicht verschlossen, wer des Weges kommt, darf jederzeit hier übernachten. Fremde Besucher hatte die Hütte bisher nur selten, die Gegend ist menschenleer. Zwei abnehmbare Querbalken aus dicken Buchenbrettern sorgen an Tür und Fensterläden dafür, dass sich winterhungrige Bären nicht ins Innere vorarbeiten können.

*

Der Pilot raucht seine Zigarette zu Ende, schaut auf die Uhr und blickt die beiden Chefs fragend an. „Sie können jetzt starten. Wir sehen uns am kommenden Dienstag wieder hier“, bedeutet ihm Gregori Wolkonski. Er ist Anfang vierzig, mittelgroß und mit einem Hang zur Korpulenz. Im Range eines Majors diente er viele Jahre bei den Rückwärtigen Diensten der Sowjetarmee. Geboren ist er auf der Halbinsel Kamtschatka am Ochotskischen Meer. An seiner Seite Sergej Uchmatov, der ehemalige Kommandeur einer Schützenpanzereinheit. Weiter als bis zum Oberleutnant hat er es bei den Streitkräften nicht gebracht, wegen diverser Disziplinarvergehen wurde er mehrfach von Beförderungen ausgeschlossen. Die Kindheit verlebte er im Ural, seine Eltern waren Geologen hatten von Berufs wegen häufig umziehen müssen. Uchmatow ist ein paar Jahre jünger als sein Vorgesetzter. Die Männer kennen sich seit dem Afghanistankrieg und sind sehr vertraut miteinander. Ihren Militärdienst beendeten sie, als Anfang der 1990er Jahre die Aufstände im Kaukasus aufflammten. Einen weiteren Krieg mochten sie sich nicht mehr antun. Aufgrund ihrer unsteten Lebensumstände haben sie es nie zu einer eigenen Familie gebracht. Uchmatow hat Geschwister in Moskau und Murmansk. Wolkonskis Brüder leben in der Ukraine.

*

Für eine kurze Pirsch ist an diesem Nachmittag noch genug Zeit, die Sonne wird erst in ein paar Stunden untergehen. Sofort, als das Gepäck in der Hütte verstaut ist, schlüpfen die Männer vom Jagdfieber gepackt in ihre gefütterten Tarnanzüge. Mit den dicken Stiefeln am Fuß kommen sie wie die Mischka-Bären daher. Uchmatow kann sich ein Grinsen nicht verkneifen, als sein kurzatmiger Chef schnaufend vor ihm durch den Schnee stapft. Es wird nicht besser, als sie den Jagdstand erreicht haben und vor der langen Strickleiter stehen, die dort herunterhängt. Der unsportliche Wolkonski muss sich erstmal verpusten, bevor es an den Aufstieg geht. Von der Seite her registriert Sergej dessen bangen Blick nach oben. Enttäuscht und durchgefroren müssen sie ein paar Stunden später konstatieren: Das Warten hat sich nicht gelohnt, die Mühe war vergebens, ihre erste Jagd bleibt erfolglos. Kein Tier war weit und breit zu sehen, die ausgelegten Köder blieben unangetastet. Morgen wird man es erneut versuchen.

*

Den Abend verbringen die beiden in der gemütlichen Banja, der russischen Sauna. Gleich nach ihrer Ankunft hatten sie den Ofen angeheizt. Mit einem Handtuch um die Hüften sitzen sie, jeder auf seiner eigenen Holzpritsche, mit einem Glas Kwass in der Hand und geben sich dem wohligen Prickeln auf der Haut hin. Uchmatow hat in einem schneegefüllten Holzeimer eine Flasche Stolitschnaja neben der Tür deponiert, zwei Trinkgläser und duftende Speckstreifen auf einem Brettchen liegen obenauf. Als der übergewichtige Wolkonski das sieht, winkt er ab und schüttelt unwillig den Kopf. Sein Arzt hat ihm solche Sachen verboten. Die dampfgesättigte Banja befindet sich in einem Anbau und ist nur sechs Quadratmeter groß. Auf den ausladenden Holzpritschen finden gut vier Personen Platz. Das Außenthermometer zeigt jetzt zehn Grad minus, drinnen herrscht eine höllische Hitze. Hochrot sind die Männer im Gesicht, der Schweiß rinnt ihnen aus allen Poren.

Doch sie lieben diese extreme Wärme mit allem Drumherum, auch die obligatorischen Birkenzweige liegen zum Abklatschen bereit. Nach minutenlangem wohligen Schweigen stupst Wol-

konski seinen Gegenüber, der die Augen geschlossen hat, mit einem Birkenzweig an. Sergej öffnet erst das eine, dann das andere Auge, wischt sich den Schweiß aus dem Gesicht, trinkt einen großen Schluck und brummt nur: „Ja, Gregori Petrowitsch?“
„Sie müssen auf Dienstreise gehen.“ „Wohin?“ „Leningrad!“ „Leningrad gibt’s nicht mehr.“ „Quatsch, ich meine natürlich Petersburg.“ „„... ist ´ne schöne Stadt, flotte Mädels und super Architektur. Würd ich gern wieder hinfahren. Wie lautet der Auftrag? Bei der *AURORA* einen Kranz abwerfen?
„Quatsch mit Soße. Mich hat Moskau angerufen; die Kanzlei des Präsidenten.“ „Jelzin?“ Wolkonski nickt. „Was hat denn der Kreml-Säufer für Wünsche?“ „In diesem Ton wird hier nicht vom Präsidenten geredet!“ „Schon gut, worum geht`s?“ „Aus dem Bunker hier im Kombinat, ... also aus der geheimen Goldreserve des Staates, braucht der Präsident ganz dringend 100 Barren Feingold.“ Sergej grinst: „Hundert Kilo sind kein Pappenstiel. Will er für die Rente vorsorgen?“
Wolkonski, sehr ernst und spontan zum Du übergehend: „Rede keinen Quatsch Serjoscha. Das Ganze ist ein Befehl von oben, eine staatswichtige Angelegenheit! Russland steht vor dem Bankrott. Die Menschen hungern. Das weißt auch du ganz genau!“
Unter der harschen Ansprache ist Sergej deutlich zusammengesackt. Der anfängliche Schalk verschwindet aus seinen Augen. Wolkonski betont sachlich: „Ich kenne noch keine Einzelheiten; es gab nur den Anruf aus Moskau und ein kurzes *TELEX* hinterher. Darin steht, dass das Gold zunächst nach Petersburg und von dort über die Ostsee nach Kopenhagen gebracht werden soll. Vermutlich dient es als Bürgschaft für dringend benö-

tigte Lebensmittel." Er nimmt einen großen Schluck aus der Bierflasche: „… und du Sergej wirst diese Lieferung organisieren." „Ich …? „Ja du …! Eifriges Nicken: „Die Sache gefällt mir, ich erledige das. Wenn ich mich geographisch recht entsinne, liegt Kopenhagen am anderen Ende der Ostsee. Das sind grob geschätzt mehr als tausend Kilometer. Aber wie stellen Sie sich die Einzelheiten vor, Kollege Direktor?"

„Nummer eins. Von dieser Sache dürfen nur wir zwei wissen; das ist ein Befehl! Du Sergej musst das Gold aus dem Werk herausholen. Weder Wachschutz noch Mitarbeiter dürfen irgendetwas bemerken. Du weißt, es gibt neuerdings diese Arbeiterkontrollräte. Sie wollen das Volkseigentum vor dem Ausverkauf schützen." Sergej nickt: „Ich kenne diese Leute, sie stecken ihre Nase in Angelegenheiten, die sie nichts angehen. Aber was ist Auftrag Nummer zwei?"

Wolkonski greift nach dem Handtuch an der Wand und tupft sich das Gesicht ab: „Du wirst den Transport nicht nur organisieren, sondern bis ans Ziel persönlich begleiten. Man wird dich mit einem Diplomatenpass, den nötigen Vollmachten und … geeigneter Ausrüstung ausstatten."

*

Gelände des Hüttenkombinats.

Abseits von den Produktionshallen, noch auf dem Werksgelände, aber von einem zwei Meter hohen Zaun umgeben, steht ein Haus, zu dem nur eine begrenzte Zahl der Bereichsdirektoren Zugang hat. Es ist die Anfang der 90er Jahre errichtete Sicherheitszentrale. Hier residiert Sergej Danilowitsch Uchmatow, der Security-Chef des Unternehmens. Im Moment lümmelt er am Schreibtisch und denkt darüber nach, wie man 100 Goldbarren aus dem Kombinat schmuggeln kann, ohne dass die

Aktion bemerkt wird. Mit krauser Stirn erhebt er sich aus seinem Sessel, tritt an den Bücherschrank und liest mit schräg gehaltenem Kopf die Titel auf den Buchrücken. Bei Bram Stokers *DRACULA* verharrt er kurz, kratzt sich am Kopf und zieht den abgegriffenen Band aus dem Regal. Den Klappentext muss er nicht mehr zu Ende lesen, denn er hat eine Idee. Mit diesem Einfall marschiert er schnurstracks in die Tiefgarage unterm Haus, dort parkt seine kleine Oldtimer-Sammlung. Vor einem Kübelwagen der *DEUTSCHEN WEHRMACHT* bleibt er stehen, klappt alle vier Türen auf und wieder zu und misst Länge und Breite des Innenraums. Zufrieden mit dem Ergebnis tätschelt er die Karosserie und verschließt den Wagen. Das Auto ist ein Beutestück. Sein Vater, ein hoher Offizier, brachte es aus dem Krieg mit und ließ es vor einigen Jahren akribisch restaurieren. Nach dem Tode des Alten kam das gute Stück neben einem amerikanischen Jeep und einem französischen Geländewagen auf Sergej. Sein Bruder hatte kein Interesse für derlei Militärschrott, wie er es nannte. Er erbte stattdessen eine Datscha in der Nähe von Moskau.

*

Noch am selben Abend trifft sich Sergej mit dem Direktor, verabredet haben sie sich in dem kleinen Park neben dem Verwaltungsgebäude. Die Männer zünden sich eine Zigarette an und stoßen geräuschvoll den Rauch aus den Lungen. Sergej interpretiert das Kopfnicken Wolkonskis als Aufforderung, seinen Plan zu erläutern. Er räuspert sich kurz, nimmt noch einen Zug, drückt die Zigarette am Baum aus und schnippt den Stummel ins Gras: „Also Grigori Petrowitsch! Bekanntlich lagert das Gold im Bunker des Direktionsgebäudes, praktisch unter Ihren Füßen. Dort startet unsere Aktion."

Wolkonski unterbricht ihn: „Immer dran denken. Nur wir zwei dürfen von der Sache Kenntnis haben, weitere Mitwisser darf es nicht geben." Sergej nickt: „Ja schon gut, ich weiß das! Ganz logisch folgt daraus, dass nur einer von uns beiden das Gold vom Tresor in die Sicherheitszentrale transportieren darf. Das muss ganz unauffällig per Hand, sozusagen Barren für Barren geschehen. Quasi das Ameisenprinzip …!" Lebhaftes Nicken: „ … und am besten in den Abendstunden." Sergej lächelt vielsagend: „Und am sichersten ist es, wenn Sie Kollege Direktor das Gold von A nach B tragen. „Warum?" „Nur Sie kennen den Geheimcode des Tresors." „… und weiter?"
„Bis das Gold das Werk verlässt, wird es im Keller neben der Tiefgarage zwischengelagert. Von dort bringe ich es raus, gut getarnt in meinem Auto."
„Andere Frage!", fährt Sergej umstandslos fort und tippt sich vielsagend an die Brust. „Wir beide wissen, dieser Auftrag ist heikel. Die Verbrecher lauern überall. Und für 100 Goldbarren wird auch schnell mal jemand umgelegt. Deshalb bekomme ich eine Extra-Vergütung. Aber nicht in wertlosen Rubeln, sondern in Goldwährung."
„Dass du immer gleich an Belohnung denken musst. Der Auftrag ist ein Ehrendienst für Mütterchen Russland."
Sergej winkt ab: „Für das Vaterland habe ich oft genug den Kopf hingehalten. Mein Soll ist erfüllt. Also wie sieht`s aus mit ein paar Unzen Edelmetall?" „Ich will sehen, was sich machen lässt. Versprechen kann ich nichts." „Ohne verbindliche Zusage mache ich keinen Finger krumm." Wolkonski versöhnlich: „Wenn das Ding perfekt gelaufen ist, wird es dein Schaden nicht sein. Du kennst mich."

„Okay! Zurück zum Auftrag. Wie und womit soll das Gold verpackt werden? Schließlich kann ich die Barren nicht einfach auf die Rückbank legen.“ Schulterzucken und ein fragendes Direktorengesicht. Uchmatow grinst: „Ich habe einen super Vorschlag. Graf Dracula hat mich inspiriert.“ „Dracula …? Du meinst doch nicht etwa diesen komischen Blutsauger, das ist doch alles Phantasie!“

„Vielleicht – vielleicht auch nicht, wer weiß das schon? Jedenfalls wurde der Graf, wenn er bei Tageslicht irgendwo hinwollte, von seinem Diener in einem Sarg herumkutschiert. … und genauso machen wir es bei unserem Auftrag.“ „Du willst die Barren in einen Sarg packen?“ „Ja klar, kein Mensch kommt auf die Idee, dass dort Gold versteckt ist.“

„Und woher bekommen wir auf die Schnelle einen Sarg?“ „Die Dinger haben wir hier im Betrieb. Früher gab es viele tödliche Unfälle, deshalb kam Ihr Vorgänger auf die Idee, einen Bestand anzulegen. Er wird vom Leiter der Krankenabteilung verwaltet. Am besten geben Sie ihm gleich morgen den Auftrag, so eine Kiste bereit zu stellen. Der Grund: Mit dem Ableben ihrer hochbetagten Mutter muss demnächst gerechnet werden. Dafür wird der Sarg benötigt.“

„Aber meine Mutter lebt doch gar nicht mehr.“ „Das weiß doch hier keiner.“ „Okay. Und wie weiter?“ „Wenn wir den Sarg bei mir in der Zentrale haben, verpacke ich darin das Gold. Obendrauf kommen ein paar Kilo angegangenes Fleisch, Deckel drüber und fertig. Den Weitertransport organisiere ich mit meinem Auto. Von der Torwache werde ich schon seit Jahren nicht mehr kontrolliert. Die Männer wissen, dass ich mit dem Oldtimer öfter eine Spritztour mache, und eine Flasche Wodka

für die Jungs habe ich immer mit dabei. Wenn wir das Gold erstmal draußen haben, ist das Schwierigste schon erledigt."
Wolkonski nickt, und Sergej fährt fort: „Auf dem Bahnhof Tynda wird das Auto in einen separaten Güterwaggon verladen und an einen Zug der TRANSSIB Richtung Petersburg via Moskau angehängt. Ich selbst werde Tag und Nacht im Waggon sein." „Ist in Ordnung! Dann kümmere ich mich um die Eisenbahn und die Helfer auf dem Bahnhof. Was wird noch benötigt?" „Ich brauche die staatliche Vollmacht, Zelt und Schlafsack und eine kugelsichere Weste. Dazu 1.000 Dollar, Gasmaske und Stahlhelm sowie ein paar Handgranaten. Für persönliche Bewaffnung sorge ich selbst und nehme die eigene Ausrüstung mit."
Die Sache mit dem Fleisch im Sarg will der Direktor noch erklärt haben. Sergejs Antwort überzeugt ihn: „Ich will verhindern, dass sich für unsere Schatzkiste irgendwelche Ganoven interessieren. Deshalb muss das Ding aus allen Ritzen nach verfaultem Fleisch stinken. Dann wird es keiner wagen, den Sarg zu öffnen. Denn wer möchte schon in das Gesicht einer verwesenden Leiche schauen?"
Begeistert klopft ihm Wolkonski auf die Schulter: „Grandioser Plan! Was kann ich Jelzins Bürokraten melden: Wann wirst du hier starten, und vor allem wann kommst du in Petersburg an?"
„Ich denke in einer Woche kann es losgehen. Ankunft in Moskau ein paar Tage später. Bis Petersburg weitere achtundvierzig Stunden. Die Schiffstour nach Kopenhagen ist schlecht einzuschätzen. Das hängt nicht nur vom Wetter ab."
Der zufrieden Wolkonski hat sich alles notiert: „Ich rufe anschließend gleich Jelzin … also die Präsidialkanzlei an."

Auch Sergej freut sich: Endlich wieder Stadtluft schnuppern und vor allem seine Schwester Raissa in Moskau wiedersehen. Er darf nicht vergessen, sie heute noch anzurufen. Vor zwei Jahren haben sich die beiden das letzte Mal gesehen, der Anlass war traurig. Man traf sich wegen der Beerdigung von Stiefbruder Wolodja in Jekaterinburg.

*

Hüttenkombinat. Tiefgarage.

Wolkonski hat Wort gehalten und einhundert Barren feinstes 999er Gold vom Tresor in die Sicherheitszentrale geschleppt. Jeder ein Kilo schwer. Uchmatow bot ihm seine Hilfe an, mit einem verschwitzten Grinsen lehnte der Direktor dankend ab: „Es ist mir ein Vergnügen, mich für Jelzin abzuschleppen."

Nun ist die Reihe an Sergej. Gleich nach Feierabend hat er seinen Kübelwagen aus der Box gerollt. Jetzt sitzt er am Lenkrad und trommelt mit den Fingern nervös auf dem Armaturenbrett herum. Er weiß nicht, ob er sich über den Auftrag freuen oder vor der gefährlichen Reise fürchten soll. Auf jeden Fall muss heute Nacht der Transport versandfertig gemacht werden. Seine Grübelei wird in diesem Moment unterbrochen, als plötzlich zwei Arbeiter mit dem bestellten Sarg in die Tiefgarage rumpeln. Auf einem eisenbereiften Handwagen bugsieren sie das wertvolle Stück über den holprigen Beton nach unten. „Sergej Danilowitsch, wo sollen wir die Kiste abstellen?" „Schraubt mal den Deckel ab und stellt mir das Unterteil hier ins Auto", weist Sergej sie an und öffnet die Hecktür, die Rückbank ist schon hochgeklappt.

Die Männer tun, wie ihnen geheißen und stehen abwartend neben dem Auto. Bevor sie anfangen können, neugierige Fragen zu stellen, kramt Sergej eine Wodkaflasche hervor und drückt sie dem Älteren in die Hand: „Jungs! Vielen Dank für Eure Hilfe, ihr werdet hier nicht mehr gebraucht. Links um, wegtreten und Prost! Macht euch einen schönen Abend.“ Gelangweilt trollen sich die Männer, sie hatten gehofft, den Schnaps gleich hier unten in munterer Runde trinken zu können. Stattdessen werden sie einfach weggeschickt. Schade. Sergej geht ihnen hinterher und vergewissert sich, dass deren Neugierde, was ihr Sicherheitschef wohl mit dem Sarg vorhat, nicht obsiegt über den erteilten Abmarschbefehl. Oben, an der Garagenzufahrt, schaut er sich sorgfältig um. Sein Blick fällt auf das Eingangstor. Es hängt schief in den Angeln, auch ist die Verriegelung verbogen. Irgendein Blödmann muss dagegen gerammelt sein. Nun kann jeder, der will, unerlaubt in die Tiefgarage rein. Sergej ist ärgerlich, denn beim Verpacken des Goldes will er in Ruhe arbeiten können: *Ungebetene Gäste sind das Letzte, was ich jetzt brauchen kann!*

Wieder im Keller packt er als Erstes seine Pistole aus und lädt sie durch. Das beruhigt. In Reichweite legt er die Waffe ab und schaut sich nach allen Seiten um. Auf einem stabilen Tisch liegen sorgfältig aufgestapelt die Goldbarren. Sergej kann sich an ihrem Anblick nicht sattsehen. Mit schwärmerischem Blick steht er eine kleine Ewigkeit davor, geht ein paar Schritte zurück, tritt erst zur einen dann zur anderen Seite, schließt die Augen und öffnet sie wieder. Der Traum vom Gold hat ihn gepackt. Noch leicht im Taumel gibt er sich einen Ruck und fängt mit der Arbeit an. Jeden Barren nimmt er einzeln zur Hand, streicht zärtlich über die mattglänzende Oberfläche, hält das Gold ins Licht der Deckenlampe und malt sich aus, wie es wäre, ein paar Unzen davon zu besitzen. Dazu summt er das alte russische Volkslied *DIE GOLDSUCHER VOM AMUR*.

Anschließend wickelt er jeden Barren sorgfältig in ein baumwollenes sauberes Putztuch. Die überstehenden Enden fixiert er mit Klebeband. Fertig!
Mittlerweile ist es Nacht geworden. Sergej schaut auf seine Uhr und wäscht sich in einem Wassereimer die Hände bevor er ein paar kalte Pelmeni und eine Tasse Tee aus der Thermosflasche zu sich nimmt. Nach dem kargen Imbiss bugsiert er den Kübelwagen vor die Kellertür, öffnet die Hecklappe und nimmt sich den Sarg vor. Den Holzboden verstärkt er mit längs und quer verschraubten Latten und packt auf diese Konstruktion eine Sperrholzplatte. Jetzt hat er eine durchgehende Fläche, auf der er das Gold Barren für Barren sorgsam abgelegt. Mehrmals streicht er behutsam darüber, das Ganze hat etwas Erhabenes für ihn.
Völlig vertieft in sein Tun überrascht ihn doch noch ein ungebetener Gast. Einer der Wachleute vom Betriebsschutz ist auf seinem nächtlichen Kontrollgang vom Licht in der Tiefgarage angelockt worden. Uchmatow fährt erschrocken hoch, als der Mann an die Frontscheibe des Autos klopft: „Guten Abend Sergej Danilowitsch, so spät noch zugange? Was bauen Sie denn hier zusammen?“, will der neugierige Störer wissen und weist mit einer Kopfbewegung auf den am Boden liegenden Sargdeckel. Sergej kann grade noch die Heckklappe zufallen lassen und wischt sich betont langsam die Hände an einem Lappen ab: „Ach wissen Sie, an so einer alten Karre hat man ständig etwas herumzuschrauben, das hört nie auf. Und der Deckel gehört zu einem Sarg hier im Auto. Beides wird morgen nach Jakutsk ins Krankenhaus gebracht, Wolkonskis Mutter liegt dort. Wie es heißt, wird sie es nicht mehr lange machen, das Koma hat bereits eingesetzt.“ Der Wachmann gibt

sich mit dieser Auskunft nicht zufrieden und schleicht neugierig um den Wagen herum, auch will er noch einen Blick in den Keller werfen. „Hier gibt es nichts weiter zu sehen", bedeutet ihm Sergej im Befehlston und weist mit der Hand in Richtung Ausgang. Widerstrebend trollt sich der nächtliche Gast und Sergej kann endlich weitermachen. Die Barren im Sarg sichert er nun mit Metallbändern gegen Verrutschen und breitet darüber eine imprägnierte Zeltbahn aus. Zum Schluss verteilt er darauf die dicken Hammelfleischbrocken und verschraubt Ober- und Unterteil miteinander. Geschafft! Die Reise kann beginnen.

*

Transsibirische Eisenbahn.

Die Verladung auf dem Bahnhof im westsibirischen *Tynda* gestaltet sich problemlos. Sergejs Ankunft wurde rechtzeitig avisiert, genügend Helfer stehen auch bereit. Der schwer beladene Kübelwagen wird über eine Gleisrampe in den Güterwaggon bugsiert und am Boden verankert. Alles ist bestens vorbereitet. Wie es scheint, reicht Direktor Wolkonskis Netzwerk an Unterstützern bis in die entferntesten Winkel von Russland. Diesmal hat er es sogar geschafft, dass an den normalen TRANSSIB-Passagierzug ein überdachter Güterwagen angehängt wurde. Im Normalfall ein Ding der Unmöglichkeit. Für Uchmatow brechen ungemütliche Tage an. Statt Reisezugkomfort wartet ein rumpelnder und zugiger Güterwagen auf ihn. Wenigstens wurde im Waggon ein provisorischer Holzverschlag eingebaut. Auf dem Boden ein alter Teppich, darauf eine Pritsche mit Schlafsack sowie diverse Decken, ein halber Schrank mit Spiegel und Essgeschirr, zwei Wasserkanister und in der entferntesten Ecke das Chemieklo. Sein Essen muss er sich auf der Fahrt tagsüber im Speisewagen des Passagierbereichs beschaffen. Dies klappt aber nur beim Halt auf den Unterwegs-Bahnhöfen, denn zwischen dem Zug-Ende und seinem Güterwagen gibt es keinen Überstieg. Sergej wird sich wieder einmal umstellen müssen, aber dieser Mann ist hart im Nehmen und hat schon unter schlimmeren Bedingungen campieren müssen

*

Moskau. Ein paar Tage später. Nach der Ankunft auf dem Jaroslawler Bahnhof steigt ein übermüdeter und durchgerüttelter Sergej vom Waggon. Er geht zur Aufsicht, wo man ihn bereits erwartet. Als der Zug die ersten Vororte von Moskau passierte, hatte er sich nochmal in seine Vollmachten und den Reiseauftrag vertieft. Dort sind die wichtigsten Etappen seiner Fahrt hinterlegt:

Von Jakutsk nach Tynda mit dem Schwerlast-Helikopter. Dort erfolgt die Verladung auf einen Güterwagen der TRANSSIB.

Abfahrt nach Moskau zum Jaroslawler Bahnhof. Dort wird der Güterwagen samt Fracht abgehängt und am nächsten Tag am Leningrader Bahnhof an einen Zug in Richtung Petersburg wieder angehängt.

In Moskau Lebensmittel und Wasser bunkern. Übernachtung im Waggon.

Später Abfahrt nach Petersburg.
Ziel: Güterbahnhof Wyborger Seite

Vor Ort das Fahrzeug entladen, zum Fischereihafen fahren und dort in der Auktionshalle melden.

Im Aufsichtsbüro der Auktionshalle Erhalt von weiteren Instruktionen.

Als er wieder vor seinem Waggon steht, halten ihm plötzlich zwei Hände die Augen zu. Binnen Bruchteilen von Sekunden spannt er seine Abwehrmuskeln an und holt tief Luft. Das kieksende Lachen einer Frau bringt ihn in die Normalität zurück. „Serjoscha, Bruderherz, ich bin`s doch nur, deine Schwester“, flüstert ihm eine vertraute Stimme ins Ohr. Puh, Sergejs Kopf hat sich vor Aufregung ins Rötliche verfärbt. Er dreht sich langsam um und nimmt Raissa in die Arme. Die

Küsse fliegen links und rechts auf die Wange, beiden steht das Wasser in den Augen.
„Woher weißt du, dass ich mit diesem Zug ankommen würde.“ Raissa tupft sich die Tränen ab: „Nach deinem Anruf neulich konnte ich mir ja ungefähr ausrechnen, wann du eintreffen wirst. Deshalb war ich seitdem an jedem Tag hier. Nähere Auskünfte gaben mir die Jungs von der Aufsicht. Allerdings musste ich tüchtig mit ihnen flirten, bevor sie mir ihre *Dienstgeheimnisse* verrieten.“ Sergej geht zwei Schritte rückwärts und mustert seine hübsche Schwester: Eins siebzig groß, schlank gebaut und drahtig, sportlicher Busen und Pagenkopf ähnliche schulterlange Haare. So sieht also Raissa Uchmatowa aus. Vierunddreißig Jahre alt; noch nie verheiratet gewesen, aber mit einem Faible für Männer vom Lande; mit einem Tierarzt aus Rostow pflegte sie ihre bisher längste Fernbeziehung; von Beruf Krankenschwester und Hubschrauberpilotin; seit ein paar Jahren beim Moskauer Katastrophenschutz beschäftigt; ihr Spezialgebiet ist die Menschenrettung von Hochhausdächern.
„Das ist also dein Güterwagen!“, blickt sie ihn an. „Darf ich da mal reinschauen?“ Sergej nickt nur und macht sich am Sperrhaken der großen Schiebetür zu schaffen, sie ist mit zwei kapitalen Schlössern gesichert. Die beiden klettern flink hinein, Sergej zieht die Tür sofort wieder zu und verriegelt sie von innen. Durch die vier vergitterten Fensterluken fällt dämmriges Tageslicht in den Waggon. Raissa schaut sich um und dreht zwei Runden um den Kübelwagen, der in der Wagenmitte steht. Als sie eine Tür öffnen will, gibt ihr Sergej ein Zeichen und klappert mit dem Schlüsselbund. Umständlich sperrt er das Schloss auf und öffnet mit ausholender Armbewegung die Fahrertür: „Bitteschön meine Dame, jetzt dürfen sie einen

Blick hineinwerfen.“ Raissa linst vorsichtig ins Innere: „Was machst du mit dem Sarg? Wen willst du denn hier beerdigen?“
„Komm mit in mein Schlafabteil“, gibt ihr Sergej einen Wink und schiebt den dicken Vorhang vor seinem Alkoven zur Seite. Er heißt sie, Platz zu nehmen, kramt ewig in einer Tasche und entnimmt ihr schließlich zwei Flaschen Bier.
„Raissa, bitte stehe noch mal auf, erhebe deine Schwurhand und sprich mir nach. Ich schwöre, dass ich von dem, wovon ich gleich erfahre, niemandem etwas erzählen werde.“ Sie schaut ungläubig auf den Bruder, aber macht, was von ihr verlangt wird: „Ich schwöre es dir! Aber sage mir, warum es hier so eklig nach Verwesung riecht.“ Sergej lächelt, öffnet die Flaschen, reicht eine davon weiter und stößt mit der Schwester an: „Trink erstmal, Alkohol ist gut gegen schlechte Gerüche.“
Als sie nach dem ersten Schluck einträchtig auf der Schlafpritsche sitzen, beginnt er langsam und mit Nachdruck seinen Bericht: „Liebe Raissa, ich verrate dir jetzt ein echtes Staatsgeheimnis … dieser Sarg birgt keinen Leichnam, sondern … 100 Kilogramm Feingold in Barren … das Gold soll im Auftrag von Präsident Jelzin nach Kopenhagen verschifft werden … was dort damit passiert, weiß ich nicht … der Direktor des Hüttenkombinats, der Chef der Präsidialkanzlei und ich, wir sind die Einzigen, die von dieser Transaktion wissen … und du bist die Vierte, die jetzt davon erfährt … dein Bruder ist Wachmann, Begleitschutz und Transportchef in einer Person … morgen wird das Gold in Petersburg erwartet … dort im Fischereihafen bekomme ich weitere Instruktionen.“
„Und woher kommt nun der Gestank hier im Waggon?“ „Zur Tarnung habe ich ein paar Kilo Fleisch in den Sarg reingepackt, gut abgehangener Hammel. Das Zeug fault seit ein

paar Tagen, der Leichengeruch soll neugierige Diebe abschrecken.“ Bedenklich wiegt Raissa den Kopf hin und her: „Mensch Bruderherz, lieber Serjoscha. Ich mache mir Sorgen um dein Wohlergehen. Wenn nur ein einziger Schweinehund davon erfährt, womit du hier unterwegs bist, dann Gnade dir Gott. Dein Leben ist dann keinen Pfifferling mehr wert.“ Statt einer Antwort packt Sergej seine Waffensammlung aus: eine Maschinenpistole AK47, sein Scharfschützengewehr, zwei ausländische Armeepistolen und fünf Ei-Handgranaten. Anschließend zerrt er sich die Gasmaske über den Kopf, setzt den Stahlhelm auf, klopft mit der Hand wissend ans Metall und nimmt unbewusst Haltung an.
Sein dumpf klingendes „Bereit sein ist alles!“, dringt aus der Maske nur undeutlich an Raissas Ohr. Als er wieder normal sprechen kann, ergänzt er selbstbewusst: „Dieses Arsenal ist ausreichend für den Ernstfall.“
Er macht eine sekundenlange Pause und schaut seine Schwester vielsagend an: „... falls du aktuell nichts Besseres vorhast, so komm doch einfach mit nach Dänemark. Wenn du kannst, nimm Urlaub. Wenn nicht, melde dich krank. Deinen Beistand könnte ich jetzt sehr gut gebrauchen, dann wäre ich nicht mehr so allein.“ Noch ungläubig darüber, was ihr der Bruder soeben vorgeschlagen hat, verschluckt sich Raissa an ihrem Bier, hustet kräftig und kann ihm vor Freude über sein spannendes Angebot nur noch um den Hals fallen. Anschließend fährt sie in ihre Wohnung, packt ein paar Sachen zusammen und findet sich noch am selben Abend mit einem schönen Lunchpaket wieder auf dem Bahnhof ein. Bei Kerzenschein und reichlich Krim-Wein feiern sie ein fröhliches Wiedersehen. Die Nacht

verbringt Raissa auf der Pritsche, der Bruder kampiert im Schlafsack auf dem harten Waggonboden.

*

Sankt Petersburg. Güterbahnhof.

Die beiden ernten erstaunte Blicke, als Sergej das Auto aus dem Waggon heraus rangiert und auf der gemauerten Entladerampe abstellt. Die umstehenden Eisenbahner wundern sich über das seltsame Paar, das mit einem Wehrmachtsauto in einem Güterwagen aus Moskau angereist ist. So etwas passiert hier nicht alle Tage. Heimlich notiert jemand das Kennzeichen des Wagens. Wegen einiger Formalitäten muss sich Sergej noch im Aufsichtsgebäude melden. Raissa bleibt derweil am Lenkrad sitzen, eine schussbereite Pistole liegt zu ihren Füßen. Als sich die beiden eine halbe Stunde später in den Petersburger Feierabendverkehr einfädeln, hat sie den Autoatlas bereits auf den Knien und lotst den Bruder durch das Gewühl der Großstadt. Zum Fischereihafen will Sergej erst morgen fahren. Den Abend wollen die Geschwister bei einem guten Essen im Restaurant verbringen. Während für Raissa die Übernachtung im Hotel geplant ist, wird sich Sergej außerhalb der Stadt ein ruhiges Plätzchen an der Newa suchen und neben dem Auto im Zelt schlafen.

*

Am nächsten Morgen fahren die beiden zum Fischereihafen, um einfach mal „zu gucken." Anlass für ihre Vorsicht sind kryptische Kommentare des Staatsfernsehens über eine vermeintlich plötzliche Erkrankung des Präsidenten. Von Auseinandersetzungen in der Präsidialkanzlei des Kremls berichten ausländische Radiostationen. Raissa hörte davon in ihrem Hotelzimmer. Sogar erste Putschgerüchte machen die Runde. Von

Unterschlagung, Korruption und Verschiebung des Volkseigentums ins westliche Ausland ist die Rede. Hohe Regierungskreise sollen darin verwickelt sein. In dieser diffusen Nachrichtenlage wollen die Geschwister Vorsicht walten lassen und nichts riskieren. Deshalb parken sie das Auto unweit vom Hafen in einer ruhigen Seitenstraße. Sergej bleibt drin sitzen und Raissa geht auf Erkundung. Als Frau kommt sie unauffälliger daher. Die Nachrichten, die sie nach einer Stunde mitbringt, sind wenig ermutigend. Die Zufahrt zum Hafen ist versperrt. Polizeiautos stehen quer auf der Straße, ringsherum bewachen Uniformierte weiträumig das Gelände. Schweigend sitzen die Geschwister nebeneinander und überlegen.

Raissa schaut ihren Bruder nach einer Weile an und sagt nur einen Satz: „Wir müssen hier raus! Raus aus Russland und nichts wie weg über die grüne Grenze nach Estland." Ihre Worte klingen wie Donnerhall in seinen Ohren. „Es sind nicht mal zweihundert Kilometer, in vier bis fünf Stunden könnten wir dort sein", fügt sie hinzu. „Und was wird mit dem Gold?", wirft er ein und weist mit zaghafter Geste nach hinten zum Sarg. „Ganz einfach, das nehmen wir mit. Oder möchtest du es nach Sibirien zurückbringen?" Der Bruder vorwurfsvoll: „Raissa!!! … es handelt sich um Staatseigentum." „Sergej, das waaaaar Staatseigentum! Jetzt gehört es uns, den Geschwistern Uchmatow." „Du bist verrückt, willst du etwa im Knast landen?" „Im Gegenteil, ich will ganz schnell raus aus dem Land. Demnächst wird die Luft hier ziemlich eisenhaltig sein, in Gedanken höre ich schon Schüsse krachen. Deshalb auf nach Estland! In Tallin habe ich Freunde. Komm, wir fahren sofort los. Worauf wollen wir warten?"

Stille im Auto, Raissa schiebt noch eins nach: „Und das eine sage ich dir, lieber Bruder! Sobald wir über die Grenze sind, trennen wir uns als Erstes von diesem Monstersarg und dem verfaulten Fleisch darin. Diese blöde Kiste brauchen wir nicht mehr, das Gold verstecken wir einfach im Auto.“ Sergej staunt über seine forsche Schwester, so wie jetzt hat er sie noch nie erlebt. Er ist mehr als einverstanden mit ihren Überlegungen, nickt mit dem Kopf und brummt nur: „Ja, ja richtig, wir machen das genauso, wie du sagst.“

*

Russische Grenze.

In den frühen Abendstunden stehen sie in einem Waldstück am russisch-estnischen Grenzfluss *Narva*, unweit des Städtchens *Popovka*. Noch heute Nacht wollen sie sich von einem Fischer, der einen kleinen Schwimmponton als illegale Fähre betreibt, zum anderen Ufer übersetzen lassen. Raissa hat das gemanagt und dem Fährmann eine Mitleidsstory von der Überführung der toten Mutter erzählt, deren letzter Wunsch es war, in der Heimat, in estnischer Erde, begraben zu werden. Des Fischers Anteilnahme für die verstorbene Mama hält sich in engen Grenzen. Von Mitleid keine Spur, er lässt sich die Schmuggeltour fürstlich bezahlen.

Kaum angekommen auf der estnischen Seite wuchten sie am nächsten Morgen an einem Hang den Sarg aus dem Auto, hebeln den Deckel auf und kippen das stinkende Fleisch eine Böschung hinunter. Als sich die Fäulniswolken verflüchtigt haben, machen sie sich über die Goldbarren her. Den leeren Sarg verbergen sie im Gebüsch. Einhundert Goldbarren, jeder ein Kilo schwer, in einem alten Auto zu verstauen, ist keine leichte Aufgabe. Nach gut zwei Stunden können sich die beiden hochzufrieden, aber mit schmerzendem Rücken im Gras ausstrecken und verpusten. Der gesamte Schatz wurde gut getarnt versteckt: unter anderem im Werkzeugkasten, zwischen und unter den Sitzen, im Ersatzrad, unter der Starterbatterie, im Handschuhfach, hinter der Türverkleidung und oberhalb des Nachschalldämpfers.

*

Auf See.

Die kurzen Wellen der Ostsee haben es in sich. Obwohl nur eine schwache Brise weht, tuckert der Fischkutter unruhig durch das Wasser. Vor ein paar Stunden haben sie, ohne dass jemand nach dem Woher und Wohin fragte, von der estnischen Küste abgelegt. Die Verladung des Fahrzeugs gestaltete sich in einem Sportboothafen östlich von Tallin viel einfacher als zunächst befürchtet. Ein Autokran hievte ohne Mühe den Geländewagen von der Mole auf das glitschige Deck des Schiffs. Dort steht er nun angebremst und fest verzurrt, ein goldbestückter Oldtimer im Wert von mehr als einer Million Dollar. Der Käpt`n ahnt nichts von diesem Schatz und nimmt Kurs in Richtung offenes Meer. Go West! So lautete der Auftrag seiner Kunden. Wohin genau, wird er noch rechtzeitig erfahren. Viele hundert Seemeilen liegen jetzt vor ihnen, die Tour wird ein paar Tage dauern. Der Kapitän ist zufrieden mit seiner Fracht. Die üppig vorausgezahlten Reisedollars ließen ihn keine Fragen stellen nach dem WER der Passagiere und dem WARUM ihrer Reise.

Selbst die von Raissa befürchteten Nachfragen des bärbeißig dreinschauenden Schiffsführers bleiben aus, Sergej hat ihm nur kurz die Maschinenpistole gezeigt und das Stangenmagazin hörbar ein- und ausrasten lassen. Das reichte fürs Erste zur Abschreckung.

*

Nach dem Aufstehen und einem nach Brackwasser schmeckenden Morgentee haben es sich Bruder und Schwester am Heck auf ein paar Fischkisten so gut es geht bequem gemacht. Sie blättern in einem dicken Atlas und denken darüber nach, welcher Zielhafen angelaufen werden sollte: Kopenhagen oder Rostock. Sie können sich nicht entscheiden. Deshalb soll der Kapitän das letzte Wort haben, er schlägt die deutsche Hafenstadt vor. Dafür hat er mehrere Gründe. Für sein reichlich betagtes Schiff ist es bis Rostock nicht so weit als bis nach Kopenhagen, und vor allem muss er nicht aufs offene Meer hinausfahren. Für den Fall der Fälle bleibt er in Reichweite der Küste.

Ohne Probleme passieren sie das lettische Klaipeda und die Exklave Kaliningrad, lassen Gdynia hinter sich und ankern in der nächsten Nacht nordöstlich von Swinemünde außerhalb der polnischen Drei-Meilen-Zone. Die Weiterfahrt am kommenden Tag gestaltet sich schwierig, weil der Motor nicht anspringen will. Den ganzen Vormittag schraubt der Käpt`n an dem alten Diesel herum, doch den Fehler kann er nicht finden. Mit den letzten Stromreserven der leergenuddelten Batterie gelingt es ihm schließlich, den Motor stotternd zum Laufen zu bringen. Allerdings nimmt die Maschine kein Gas an, mit der Einspritzpumpe scheint einiges nicht zu stimmen. Sehr schnell wird klar, dass mit den verfügbaren Bordmitteln eine Reparatur auf hoher See unmöglich ist. Deshalb muss wohl oder übel der nächstgelegene polnische Hafen angelaufen werden. Sergej

und Raissa können nicht mehr als Ja und Amen dazu sagen. Gefallen tut es ihnen nicht, denn ihr Ziel ist ein anderes Land. Mit dem JA zum Kurswechsel ist der estnische Käpt`n sehr zufrieden. Munter seine Pfeife rauchend hält er auf die nahe Küste zu. Die russischen Passagiere sind ihm ohnehin mehr als unheimlich geworden, er wird aufatmen, wenn sie in Kürze von Bord gehen müssen. Im zuckelnden Leerlauf fährt der alte Kahn rein nach Swinemünde. Auf der Mole lesen sie auf einem riesigen weißen Schild den Gruß der Hafenbehörde:
Witamy w Polsce – Welcome in Poland!

*

Sankt Petersburg.
Im Fischereihafen ist Sergejs Wegbleiben nicht unbemerkt geblieben. Das für den Goldtransport nach Kopenhagen vorgesehene zivile Schnellboot bleibt unverrichteter Dinge am Kai liegen. Auch die stadtweite Suche nach ihm und seinem auffälligen Auto verläuft ergebnislos. Den Verantwortlichen von Geheimdienst und Präsidialkanzlei schwant sehr schnell, dass sich hier ein dickes Problem auftut. Ohne weitere Umschweife erklärt man Sergej Uchmatow zur *MOST-WANTED-PERSON* des russischen Staates. Im internen Sprachgebrauch der Behörden heißt es nun nicht mehr, dass 100 Kilogramm Gold verschwunden sind, sondern dass es von einem gewissenlosen Ganoven geraubt worden ist.
Geflüchtet sein kann der Räuber nur ins benachbarte Estland, nicht mehr als einen Katzensprung von Petersburg entfernt. Es ist ein offenes Geheimnis, dass das kleine Land seit seiner Unabhängigkeit ein beliebtes Fluchtziel für Andersdenkende, Kriminelle und desertierte Soldaten geworden ist … und nach Russland zurückgeschickt wurde von den estnischen Behörden

bisher noch niemand. Raissa und Sergej haben jetzt mehr Verfolger im Nacken, als ihnen lieb sein kann. Zum Glück wissen sie es nicht, noch nicht.
Bereits am nächsten Tag nehmen sich zwei Leutnants des *FSB*-Geheimdienstes den Inhaber der Pontonfähre vor. Bereitwillig berichtet er von den nächtlichen Passagieren und ihrem exotischen Fahrzeug, die reichlich kassierten Schmuggel-Dollars verschweigt er lieber. Das Autokennzeichen hatte er sich noch notiert, jedoch fällt seine Personenbeschreibung sehr vage aus. Es war stockdunkel, als er die beiden ans estnische Ufer übersetzte. Mit dieser Aussage fügt sich für den *FSB* das Fluchtpuzzle jetzt vollständig zusammen. Sergej und sein auffälliges Auto werden national und international zur Fahndung ausgeschrieben. Für Hinweise auf seine Ergreifung ist eine hohe Belohnung ausgesetzt. Unklar bleibt nur, wer die Frau an seiner Seite ist.

***

Landgang

Swinemünde/Polen.

Raissa steht vorn an der Reling, sie hebt den rechten Arm, schnüffelt an ihrer Achselhöhle und verzieht die Nase: *Puh, sobald wir an Land sind, ist Duschen angesagt. Einen Sanitärbereich für Frauen wird es im Hafen ja hoffentlich geben.* Nach den Tagen auf See sehnt sie sich nach einer frischen Dusche, aber noch mehr nach einem weichen Bett. Der spartanisch ausgestattete Fischkutter ist für solche Wünsche überhaupt nicht ausgelegt.

Derweil sich seine Schwester Sorgen um ihre körperliche Hygiene macht, steht Sergej auf der Steuerbordseite mit einem dicken Tau in der Hand. Aufmerksam verfolgt er das Anlegemanöver des Kapitäns. Die zwei Passagiere und der Schiffsführer sind zufrieden, die gemeinsame Tour endet hier in Swinemünde. Jedem standen die Sorgenfalten während der Überfahrt aus jeweils anderen Gründen auf die Stirn geschrieben. Während der Käpt`n angesichts von Sergejs Maschinenpistole Angst um sein Leben hatte, bangten die Geschwister bei jedem höheren Seegang, dass ihr goldgefülltes Auto nicht über Bord gehen möge. Ab jetzt scheint sich für die beiden Russen alles zum Guten zu wenden, auch wenn ihr Ziel Westeuropa noch weit entfernt ist.

Sergej ist auf den Kai gesprungen und legt das Tau um einen der eisernen Poller. Der Kapitän wirft ihm noch eine zweite Trosse zu. Geschafft, der Kutter ist vertäut! Es ist still geworden, jetzt quietschen nur noch die zwischen Kaimauer und Bordwand eingeklemmten Autoreifen beim gemächlichen Auf und Ab des Schiffes.

Raissa hat sich längst ein Handtuch, frische Wäsche und ihre Waschutensilien aus dem Reisegepäck geschnappt und lauert an der Reling auf das Anlegen. Noch ehe der Kapitän die Laufbohle ausgelegt hat, springt sie von der Bordwand auf die Kaimauer, federt kurz in den Knien und schüttelt sich den schwankenden Seemannsgang aus den Beinen. Suchend schaut sie sich um, Swinemünde ist ein großer Hafen, Wegweiser gibt es hier nur in polnischer Sprache. Wie es aussieht, sind sie bei den Fischern gelandet. Entlang der Kaimauer ankern Fischtrawler, unschwer zu erkennen an den Netzauslegern am Heck. Auf einem der Schiffe macht sie einen Matrosen ausfindig, der ihr radebrechend den Weg zum Hafenzentrum weist. Lebhaft nickt er, als sie mit dem Handtuch den Wunsch nach einer Dusche erklärt und ein imaginärer zum Mund geführter Löffel ihren Hunger verdeutlicht. Sie macht sich auf Weg. Die Wasch- und Duschgelegenheiten in der Nähe der Verwaltungsgebäude findet sie in mustergültiger Sauberkeit vor, allerdings sind die Preise mehr als happig. Gut erfrischt freut sie sich auf den Besuch der rustikalen Seemannsgaststätte gleich nebenan. Die Speisekarte kann der hungrige Gast an der bunt dekorierten Fassade studieren: Schnitzel gibt es, mit und ohne Panade, Apfelleber mit Zwiebeln, dicke braune Bratwürste, diverse Suppen und Pommes Frites mit Mayo oder Ketchup. Das optische Angebot gefällt ihr, nun will sie sich noch einen persönlichen Eindruck von der polnischen Gastronomie verschaffen. An der verglasten Eingangstür bleibt sie mit einem Ruck stehen. Ein circa sechzig mal vierzig Zentimeter großes Plakat zieht Raissas Aufmerksamkeit auf sich. Es ist rot umrandet und in englischer Sprache abgefasst. Unter der knalligen Überschrift *WANTED BY THE RUSSIAN GOUVERNEMENT* prangt ein verschwommenes Foto von Sergej, darunter sein vollständiger Name, das ungefähre Alter und die geschätzte Körpergröße.

Gleich daneben eine zeichnerische Darstellung seines Wehrmacht-Kübelwagens.
Aus dem englischen Begleittext kann sie unschwer die hohe Belohnung von zehntausend US-Dollar herauslesen und den Hinweis entziffern, dass der Gesuchte bewaffnet ist und von einer unbekannten Frau begleitet wird. Ebenfalls erwähnt wird die Flucht des Paares von Petersburg aus in Richtung Estland. Von Polen ist keine Rede, was Raissa für den Augenblick beruhigt. Sie schaut sich vorsichtig um und mustert die herein- und herausgehenden Gäste. Zum Glück scheint kein Mensch ersichtliche Notiz von dem Fahndungsplakat nehmen zu wollen.
Nach Essen und Trinken ist ihr in dieser Schrecksekunde nicht mehr zumute, sie eilt zurück zum Schiff. Dort hat ein mobiler Kran das Auto bereits auf die Mole gehoben. Grad als der Kapitän sich daranmachen will, die Abdeckplane zur Seite zu ziehen, erreicht Raissa den Kutter. Wild gestikulierend und laut rufend verdeutlicht sie ihm, dass die Plane auf dem Auto bleiben muss. Demonstrativ stellt sie sich vor den Wagen. Der Kapitän hebt fragend Schultern und Hände und schaut Sergej unschlüssig an. Dieser zeigt seiner Schwester einen Vogel: „Was soll das? Die Plane gehört dem Kapitän, er will nur sein Eigentum mitnehmen."
Raissa tritt ganz dicht zum Bruder heran und flüstert ihm ins Ohr: „Nach uns wird gefahndet, im Restaurant hängt ein großes Plakat mit deinem Foto. Auch dein deutsches Auto ist abgebildet, deshalb brauchen wir seine Plane zur Tarnung. Zehntausend Dollar Belohnung winken für Hinweise zu unserer Ergreifung." Sergejs Gesicht verfärbt sich abwechselnd weiß und rot. Als er nach einigen Sekunden seine Fassung wiedergefunden

hat, gibt er dem Kapitän ein Zeichen, dass er ihm die Plane abkaufen möchte. Mit der Hand malt dieser eine Fünf und eine Null in die Luft. Umstandslos drückt ihm Sergej die geforderten Dollarnoten in die Hand. Jetzt nichts wie weg von hier, noch ehe der Kapitän Lunte riecht, oder jemand vom Hafenamt plötzlich auftaucht. Nun sind es die Geschwister, die die Abdeckung rasch vom Auto herunterziehen. Die zusammengerollte Plane werfen sie auf die Hintersitze, steigen ein und fahren den Wagen an die Rückseite einer nahen Lagerhalle. Hinter einem Stapel ausrangierter Fässer finden sie ein vorläufiges Versteck, verpusten kurz und halten Kriegsrat. Seine Maschinenpistole platziert Sergej griffbereit neben dem Sitz. Beide schauen sich mit versteinerten Mienen an.

Raissa beendet als Erste das Schweigen und schlägt vor, dass der Bruder im Auto bleiben soll, während sie auf Erkundung gehen will. Auch hofft sie, bei dieser Gelegenheit das Fahndungsplakat im Restaurant unauffällig entfernen zu können. Sergej ist mehr als einverstanden, ihm sitzt der Schreck tief in den Gliedern. Als er seine Fassung wiedergewonnen hat, drückt er der Schwester ein paar Dollars für Essen und Getränke in die Hand. Sie soll ihm ein schönes Schnitzel mit Pommes Frites und ein gut gekühltes Bier aus der Gaststätte mitbringen. Raissa hat ihre Kaltblütigkeit schneller als der Bruder zurückgewonnen, jetzt ist die kühl überlegende Pilotin wieder klar im Kopf. Bevor sie losgeht, lässt sie sich von Sergej noch eines seiner Klappmesser geben. „Man weiß ja nie, was passiert!“

In der Gaststätte angekommen holt sie sich ein Getränk vom Tresen, bestellt das Gewünschte für den Bruder und setzt sich in der Nähe der Eingangstür an einen Tisch. Sie geht davon aus, dass der Gästestrom alsbald nachlassen wird, und sie dann

Gelegenheit bekommt, das Plakat unbemerkt zu entfernen. Lange warten muss sie nicht.
Mit dem Messer durchtrennt sie die Klebestreifen blitzschnell an jeder Seite, rollt das Plakat zusammen und setzt sich wieder an ihren Platz. Dies erweist sich als Glücksumstand, dann sie hatte zunächst erwogen, nach ihrer Aktion sofort das Weite zu suchen. Ihr Bleiben befeuert die Gedanken eines uniformierten Mannes, der seinen Mittagskaffee grad am Tresen schlürft und sie seit Betreten des Lokals unablässig beobachtet. Allerdings gilt seine Aufmerksamkeit weniger dem abgerissenen Plakat als vielmehr ihrem Äußeren. Der Mann ist der Hafenkapitän von Swinemünde, er heißt Bartosz Kwisnewski, stammt aus Breslau und ist ein alter Bekannter von Raissa. Als er an den Tisch tritt und ihren Vornamen sagt, zuckt sie kurz zusammen und greift in der Tasche nach dem Messer. Ihre Miene entspannt sich erst, nachdem der Uniformierte im gebührenden Abstand Platz genommen hat. Er legt die Mütze vor sich auf den Tisch und lächelt sie an: „Raissa, meine Liebe, warum schaust du so ängstlich? Ich bin`s doch nur der Bartosz." Dann greift er über den Tisch nach ihrer Hand, führt sie zu seinem Mund und deutet nach polnischer Sitte einen höflichen Kuss an.
„Bartosz, du hier?", ist das Einzige, was sie zunächst herausbringen kann. „Ja, ich bin`s. Der Mann, den du Neunzehnvierundneunzig aus der Ostsee gefischt hast." Ungläubiges Gesicht: „Wie jetzt? … aus der Ostsee gefischt. Ich geh doch gar nicht angeln." „Ob Angeln, ja oder nein, das weiß ich nicht. Aber du bist, oder sollte ich besser sagen du warst, doch Hubschrauberpilotin beim Katastrophenschutz."

Jetzt fällt auch bei Raissa der Groschen, sie hat ihre Gedanken wieder beieinander: „Na klar, jetzt erinnere ich mich, wo und wann das war. Da gab es doch diesen Sturm, während dem du mit dem Segelboot gekentert bist. In der Danziger Bucht war das, unsere Behörden hielten grad eine Katastrophenschutzübung ab. Ich war als Pilotin mit dabei." „Richtig! Lass uns das Geschehen von damals nochmal Revue passieren", wirft Bartosz ein und kramt, zunächst sorgfältig überlegend und dann immer schneller sprechend, die Umstände der Rettungsaktion aus dem Gedächtnis hervor.

*

Im Januar 1993 wohnt Bartosz Kwisnewski bereits mehr als ein Jahr am Stadtrand von Danzig. Der gut bezahlte Job bei einer Reederei hat den überzeugten Katholiken ans Meer verschlagen. Sein anfängliches Heimweh nach Schlesien hält hier nicht lange an, dafür ist die Gegend viel zu schön. Bartosz stammt aus Breslau, der Universitätsstadt am Oberlauf der Oder. Dem Fluss seiner Kindheit und Jugend trauert er nur kurze Zeit nach. Die wunderbare Ostsee mit ihren weißen Stränden und dem beeindruckenden Eisgang im Winter schließt er bereits nach kurzer Zeit in sein Herz. Ohnehin ist jegliches Wasser sein Element, egal, ob am Fluss oder im Meer. Bartosz ist ein ausdauernder Schwimmer und möchte ein ebenso guter Segler werden, deshalb schließt er sich rasch dem Verein *Gdański Klub Żeglarskian* an. Bereits im ersten Sommer an der See erlernt er die Grundregeln des Segelsports und wagt sich im Laufe der Zeit immer weiter aufs Meer hinaus. Ein knappes Jahr später juckt es ihn eines Frühjahrstages gewaltig in den Fingern. Er macht sein Boot klar und segelt quietschvergnügt raus auf die Ostsee. Bitterkalt ist es noch und höchst ungemütlich auf dem Wasser, aber sein dicker Neoprenanzug hält ihn warm und bewahrt ihn vor den Wetterunbilden dieser Jahreszeit.

Der tagsüber frische Wind hat am frühen Abend zwar etwas nachgelassen, doch noch immer fegen einzelne kräftige Böen über das Meer und bringen das Boot heftig zum Schaukeln. Tiefhängende graue Regenwolken verheißen für die nächsten Stunden ebenfalls nichts Gutes. Davon lässt sich Bartosz in seinem Übermut nicht beirren, er ist davon überzeugt, ein perfekter Ein-Hand-Segler zu sein und mit den Witterungsbedingungen gut umgehen zu können. Dies trifft fast ausnahmslos zu. Doch sein größter seemännischer Schwachpunkt sind die mangelhaften nautischen Fähigkeiten. Daher segelt er am liebsten auf Sicht und glaubt felsenfest daran, auf Karte und Kompass verzichten zu können. Heute, auf den hochgehenden Wellen der Danziger Bucht, wird ihm dieser Umstand das Leben retten. Denn er hat die nasse Staatsgrenze zwischen Russland und Polen unbemerkt überquert und befindet sich mit seinem Boot auf russischem Hoheitsgebiet. Seine Neugier ist plötzlich geweckt, als er in einiger Entfernung eine Ansammlung kleinerer und größerer Schiffe entdeckt, die von mehreren Hubschraubern begleitet werden. Wovon er nichts weiß: Es handelt sich um eine zweitägige maritime Katastrophenschutzübung, die der Kaliningrader Gouverneur anberaumt hat. Ziel dieses jährlichen Manövers ist es, das Zusammenwirken von militärischen und zivilen Hilfskräften zu proben. Vor diesem Hintergrund wurde auch die Moskauerin Raissa Uchmatowa an die Ostsee beordert.

Gemeinsam mit einem einheimischen Piloten fliegt sie einen Sanitätshubschrauber vom Typ Mil-M2, mit dem die Rettung von Schiffbrüchigen trainiert wird. Grad als der Helikopter seine große Abschiedsrunde über dem Meer dreht, bemerken sie in der Ferne ein heftig krängendes Segelboot, dessen hin und her schaukelnder Mast fast die Wasseroberfläche berührt. Wild tanzt das Schiff auf den Wellen. Wie es aussieht, ist niemand mehr an Bord. Beim Näherheranfliegen entdecken sie einen hilflos im Wasser treibenden Menschen. Raissa nimmt das Fernglas zur Hand und sieht, dass der Kopf des Verunglückten unkontrolliert hin und her geschleudert wird, allein der Kragen der Rettungsweste verhindert sein Eintauchen in die kalten Fluten. Er scheint bewusstlos zu sein. Als sie über dem Boot schweben, können sie die polnischen Hoheitszeichen auf der Bordwand erkennen.

Jetzt ist das Ganze beileibe keine Übung mehr, sondern raue Realität. Die hinterm Horizont verschwindende Sonne gebietet zudem allergrößte Eile. Raissa schnallt sich vom Co-Pilotensitz ab, geht nach hinten, schiebt die Seitentür auf und macht mit Hilfe des im Heck in Bereitschaft sitzenden Sanitätssoldaten die Rettungswinde klar. So schnell es geht schlüpft sie in das Abseilgeschirr während ihr Helfer die Rettungsgurte für den Bewusstlosen am Seil befestigt. Die nächsten Handgriffe sind perfekt geübte Routine, und schon wird Raissa an dem heftig schaukelnden Stahlseil in die Tiefe herabgelassen. Nun beginnt der schwierigste Teil der Aktion. Dem bewusstlosen Mann muss bei heftigem Seegang das Rettungsgeschirr umgelegt werden. Es ist ein riskantes Unterfangen, mehrfach greift sie bei dem Versuch ins Leere, die Halteschlaufen an dem leblos hin und her schlingernden Körper befestigen zu können. Aber Raissa wäre nicht die professionelle Rettungsfliegerin, wenn sie die drei Karabinerhaken nicht endlich an der richtigen

Stelle zum Einklicken gebracht hätte. Geschafft! Sie streckt den rechten Arm nach oben, es ist das Signal für den Mann an der Winde, den Aufwärtshebel zu ziehen.

Als sie den Bewusstlosen in der Kabine losbinden und auf die Trage betten, hat der Pilot längst Kurs auf Kaliningrad genommen und per Sprechfunk die Notaufnahme des Marinekrankenhauses über ihre Ankunft informiert.

Während Bartosz medizinisch versorgt wird, treibt ein paar Stunden später das Segelboot kieloben auf den hohen Wellen. Tage danach wird es die See ans russische Ufer spülen. Die Fischer werden sich fragen, was mit dem herrenlosen Strandgut passieren soll. Nach den ungeschriebenen Gesetzen der Seefahrt dürften sie es behalten. Als Beweis ihrer Freundschaft werden sie den Fund jedoch an die polnischen Hobbysegler auf der anderen Seite der Bucht zurückgeben.

Wenig später darf Raissa ihren Schützling im Krankenhaus endlich besuchen. Bartosz ist bei Bewusstsein und schon wieder guter Dinge. Die Umarmung mit seiner Retterin muss auf Weisung des Arztes leider spärlich ausfallen. Denn der Pole ist noch längst nicht über den Berg, er hatte eine schwere Gehirnerschütterung erlitten, als ihm die Segelstange gegen den Schädel prallte. Sein Kopf mit der grünblau angelaufenen Beule ist dick bandagiert, der Doktor hat ihm strenge Bettruhe und höchstens fünfzehn Minuten Sprechzeit pro Tag verordnet. Eine Woche später muss sich Raissa von ihm verabschieden, die Pilotin wird dringend in Moskau gebraucht. Sie versprechen einander, sich in genau einem Jahr erneut in Kaliningrad zu treffen.

Zwölf Monate danach fallen sie sich in einem Café in der Nähe des Bernsteinmuseums stürmisch um den Hals. Zum ersten

Mal im Leben schämt sich Bartosz nicht seiner Tränen des Glücks. In einer anrührenden, höchst feierlich anmutenden Verbeugung überreicht er ihr einen großen Strauß roter Rosen.

*

Heute hat das Schicksal die beiden wieder zusammengeführt, doch nicht nur der Ort hat sich verändert, auch die Umstände sind ganz andere geworden. Diesmal ist es Raissa, die Hilfe benötigt. Bartosz hat sich einen zweiten Kaffee vom Tresen geholt und bringt einen frischen Tee für die Freundin mit: „Raissa, welcher Wind in Gottes Namen hat dich von Moskau hierher an die Ostsee geweht? Und warum zum Teufel hast du das Fahndungsplakat von der Wand abgerissen?"

Die Russin schweigt mit gesenktem Kopf. Unruhig rührt sie in der Tasse, nimmt einen Schluck und blickt ihn aufmerksam an: „Lieber Bartosz. Mein Bruder Serjoscha und ich, wir sind auf der Flucht vor der russischen Polizei. Von Petersburg aus über Estland konnten wir ihnen über die Ostsee grad so entkommen. Vor einer guten Stunde erst haben wir im Fischereihafen angelegt. Unser Auto wurde grad entladen." Sie hebt das Plakat hoch und rollt es auseinander: „Hier schau dir das an, dort steht es schwarz auf weiß. Wenn du willst, kannst du dir zehntausend Dollar Belohnung verdienen. Uns hilft nur noch die Flucht in den Westen. Dafür benötigen wir dringend Unterstützung."

Bartosz greift nach ihrer Hand und wird sogleich pathetisch: „Du hast mir einst das Leben gerettet. Dafür schulde ich dir unendlichen Dank. Verlange von mir, was du willst. Wenn es in meiner Macht steht, werde ich dir jeglichen Wunsch erfüllen."

Dankbarer kann ein Gesichtsausdruck kaum sein, als Raissa auf ihrem Stuhl dicht an den Polen heranrückt: „Bitte sei in einer Stunde im Fischereihafen. Hinter der Lagerhalle A/82 haben wir unser Auto versteckt. Dort werde ich mit meinem Bruder auf dich warten.“ Mit dem Fahndungsplakat unterm Arme holt sie vom Tresen die Essen-Bestellung für Sergej und verlässt eilig die Gaststätte. Der nachdenkliche Bartosz macht sich auf den Weg zurück ins Hafenamt, setzt sich an seinen Schreibtisch und greift zum Telefonhörer.

*

Wieder im Auto sitzend beratschlagen die Geschwister, ob, und wenn ja, sie den polnischen Freund in ihr Problem einweihen sollten. Raissa plädiert für volle Offenheit und die Einbeziehung von Bartosz in ihr Projekt. „Falls er einverstanden ist“, setzt sie hinzu. Sergej sieht die Sache etwas anders. Er möchte hundert Kilogramm Gold, statt mit seiner Schwester durch Zwei, nicht plötzlich mit einem weiteren Partner durch Drei teilen müssen. Noch dazu mit einem Ausländer, den er lediglich aus Raissas Erzählungen kennt. Er hat aber auch keine Idee, wie man als Russe ohne Visum in den Westen kommen kann, und vor allem, wer der Käufer des Goldes sein könnte. Daher beschließt man, das Gespräch mit Bartosz unvoreingenommen anzugehen. Das Ergebnis sei in jede Richtung offen, so lautet die Devise.

*

Als Bartosz seine neuen Partner am späten Abend verlässt, ist er Mitglied eines russisch-polnischen Kriminaltrios geworden. Er weiß jetzt Bescheid und kennt wichtige Details. In den hauptsächlichen Fragen ist man sich rasch einig geworden. Auch sprachlich gibt es keine größeren Probleme, geredet wird miteinander in einer Mischung aus Russisch und Englisch. Die Rolle des Polen ist klar definiert: ER ist der entscheidende Mann vor Ort, denn ER kennt sich hier aus, und ER wird die wichtigsten Sachen organisieren. Konsens besteht auch darin, dass Bartosz von den Verkaufserlösen des Goldes ein Fünftel abbekommen soll. Jetzt, auf dem Heimweg, ruht in den Tiefen seiner Umhängetasche ein Barren reinsten Russengoldes, gefördert und verhüttet in Sibirien und nun auf dem Weg zum Verkauf an einen Stettiner Juwelier. Von einem Teil dieses Erlöses soll ein gebrauchtes Auto angeschafft werden, möglichst ein westliches Fabrikat.

Sergejs Vorbehalte gegen einen dritten Mitspieler waren ziemlich groß, noch dazu ein Pole. Ihm traute er nicht so recht. Diese Skepsis konnte Bartosz jedoch deutlich entkräften. Denn er legte sehr anschaulich dar, dass zwei russische Staatsbürger ohne Visum nicht einfach mal so in die EU einreisen dürfen, noch dazu mit einer Riesenmenge Gold im Gepäck. So ein naives Vorhaben endet garantiert gleich am nächsten Grenzübergang, und zwar mit Rückweisung oder gar Verhaftung. Wenn das Projekt Erfolg haben soll, dann nur mit seiner Hilfe und dem Erfahrungsschatz eines versierten deutsch-polnischen Grenzpendlers. Sie verabreden sich gleich wieder für den nächsten Tag. Bartosz will bis dahin seine Beziehungen spielen lassen, um den anderen die nächsten Schritte vorschlagen zu können.

*

Stettin.

Der Juwelier Filip Pomorski hat das Schmuckgeschäft in der Stettiner Altstadt von den Eltern geerbt. Schon Vater und Mutter begeisterten sich an der künstlerischen Symbiose von baltischem Bernstein mit Edelmetall. Zu ihren Zeiten wurden Armbänder, Ketten und Ringe noch aus polnischem Gold gefertigt, es stammte aus dem Bergwerk von Złoty Stok, dem ehemaligen schlesischen Reichenstein. Aber das ist lange her, die Grube wurde mangels Ausbeute 1962 stillgelegt. Bis zum Zusammenbruch der Sowjetunion verarbeiteten die Juweliere Gold aus dem Ural und danach südafrikanische Ware. Allerdings gehen die Geschäfte in diesen Zeiten mehr schlecht als recht. Die Stettiner Bürger benötigen ihr weniges Geld für Miete und Lebenshaltung. Für teuren Schmuck findet sich in ihrem Portemonnaie nur selten ein Überschuss. Zum Glück kommen seit zwei, drei Jahren wieder ausländische Touristen in die Stadt, vorwiegend aus Deutschland und Westeuropa, aber auch ehemalige Auswanderer nach Übersee.

Hafenkapitän Bartosz und Juwelier Filip lernten sich vor längerer Zeit bei einem internationalen Treffen der Handelskammer Stettin kennen. Die Sympathie war von Anfang an beiderseits gegeben, ein paar Gläser guten Wodkas taten ihr Übriges. Die beiden Männer sind unverheiratete Junggesellen und erst Mitte dreißig. Sie wollen aus ihrem Leben noch etwas machen. Stettin soll nicht mehr sein als eine Zwischenstation. Sehnsüchtig erwarten sie die Aufnahme von Polen in die EU. Das sind zwar noch ein paar Jahre hin, aber dann soll ihnen ganz Westeuropa geschäftlich zu Füßen liegen.

Als Bartosz seinen Freund am Telefon fragt, ob der ihm für gutes Geld und am besten sofort einen Goldbarren abkaufen würde, erntet er nur spöttisches Gelächter: „Was glaubst du, wie groß die Geldreserven eines Stettiner Juweliers sind? … Ich will es Dir verraten! Guck dir das Schwarze unter deinem Fingernagel an, dann weißt du, was auf meinem Bankkonto los ist. Aber ich kann dir einen Tipp geben. In Stargard Szczeciński, das ist gut vierzig Kilometer von hier, gibt es einen Schrotthändler. Er dealt illegal mit Gold. Dem könnte ich eine Empfehlung für dich geben. Aber pass auf, dieser Kerl ist ein Schlitzohr. Er wird dir, weil du das Geld dringend brauchst, garantiert nur die Hälfte des Weltmarktpreises geben wollen. Aktuell bekommt man dort für ein Kilogramm 999er Ware rund 11.500 Dollar. Der Preisnachlass, den er von dir verlangen, wird überirdisch sein. Dein größter Fehler wäre es, sofort auf seine Wünsche einzugehen. Ziehe die Basar-Bagdad-Nummer durch, handle mit ihm! Was meinst du, soll ich ihn anrufen?"

„Ja, klar. Was bleibt mir denn anderes übrig?", stöhnt Bartosz ins Telefon.

*

Beim ihrem nächsten Treffen im Hafen kann er seinen russischen Partnern einen Verkaufserlös von stolzen fünfundzwanzigtausend Złoty verkünden. Dieses Geld hat er, weil sie nach Deutschland wollen, umgehend in 12.400 D-Mark umgetauscht. Stolz blättert er die Scheine auf das Armaturenbrett. Die Russen sind beeindruckt. Dieser Pole ist ein Tausendsassa. Er unterbreitet ihnen auch gleich seine nächsten Überlegungen: „Ich schlage vor, dass wir noch heute euren Kübelwagen durch einen gebrauchten MAZDA ersetzen, es ist ein unauffälliger Kombi.

Ich habe mir die Kiste bei einem örtlichen Händler bereits angeschaut. Der Wagen ist sehr geräumig, hat gut Hunderttausend Kilometer auf der Uhr und soll umgerechnet 7.800 Mark kosten. Eine Probefahrt habe ich schon gemacht. Das Fahrzeug ist in Ordnung, wir sollten es kaufen. Zulassen können wir es auf meinen Namen. In einer Doppelgarage hier bei den Lagerhallen, wo uns niemand sieht, laden wir noch heute Abend das Gold auf den MAZDA um. Anschließend verlassen wir das Hafengelände. Deine Wehrmachtkarre bleibt solange in der Garage, bis die Fahndungswelle abgeebbt ist. Anschließend verkaufen wir es."

Sergej schaut seine Schwester kurz an und holt sich per Blickkontakt ihre Zustimmung: „Dein Vorschlag ist okay. Das Wichtigste ist jetzt wirklich ein unauffälliges Auto. Damit wir unbemerkt verschwinden." Raissa ist aufgeregt: „Aber mit dem neuen Wagen sind wir doch noch längst nicht im Westen. Wie stellst du dir denn das Weitere vor? Für den goldenen Sprung nach drüben brauchen wir eine richtig gute Idee. Visa für Deutschland fehlen uns ebenfalls."

„Gemach, gemach", wird sie von Bartosz beruhigt. „Wir machen einen Schritt nach dem anderen. Wenn ihr einverstanden seid, hole ich jetzt das Auto und kläre noch ein paar Sachen. Heute Abend bin ich wieder hier." Er greift sich das Geldbündel, zählt achttausend D-Mark ab, verstaut alles in der Hosentasche und macht sich auf den Weg. Raissa lächelt ihm hinterher, während ihr Bruder mit grimmigem Gesicht zur Decke starrt: „Woher willst du wissen, liebe Schwester, dass dieser Bartosz sauber ist und uns nicht betrügt?" Sie legt ihm die Hand auf den Arm: „Bartosz verdankt mir sein Leben. Wenn ich ihn nicht gerettet hätte, würden ihn längst die Fische gefressen haben. Von daher macht er für mich und damit auch für uns beide einfach alles, was in seinen Kräften steht. Dass er seinen eigenen Vorteil dabei nicht außer Acht lässt, ist doch okay. Wir sollten ihm glauben! … gleichwohl auch ein Auge auf alles haben, was er tut oder unterlässt. Vertrauen ist gut,

Kontrolle aber auch. Es geht um viel Geld. Deshalb dürfen wir das Geschehen niemals aus den Augen verlieren, zum Glück haben wir zusammen vier davon.“ Sergejs Gesichtsausdruck entspannt sich, seine Schwester hat ihn wieder einmal überzeugt.

*

Es dunkelt bereits, als Bartosz mit der Neuerwerbung an der Hallenrückseite vorfährt. Schwungvoll steigt er aus, klopft sich mit der Faust stolz auf die Brust und pocht angeberisch auf die Motorhaube: „Hier ist es, unser neues Schätzchen, über hundert PS und tadellos gepflegt. Wie habe ich das wieder gemacht, liebe Freunde? … Darauf stoßen wir jetzt an.“ Er zottelt eine Getränketasche mit Bierdosen und Cola-Flaschen aus dem Auto und fingert ein Fläschchen Wodka aus dem Handschuhfach. „Prost, prost ihr Lieben, und los an die Arbeit. In spätestens zwei Stunden wollen wir von hier verschwunden sein.“

Als wenig später die Autos nebeneinander in der Doppelgarage stehen und die Tore verriegelt sind, tut sich das nächste Problem auf. Sergej möchte vermeiden, dass Bartosz von seinem umfangreichen Waffenarsenal erfährt.

Raissa ist anderer Meinung und raut ihm ins Ohr: „Das kann der Bartosz ruhig wissen. Die Dinger haben doch eine abschreckende Wirkung. Unser polnischer Freund wird sich hüten, auf dumme Gedanken zu kommen. Denk doch mal zurück, wie der Kutterkapitän vor dir kuschte, als du ihm kurz deine MPi zeigtest.“ Sergej ist nicht völlig überzeugt von den Argumenten der Schwester, aber jetzt, so kurz vor der Umlade-Aktion, ist ohnehin keine Gelegenheit mehr, irgendetwas zu ändern.

Neugierig marschiert Bartosz um den Kübelwagen herum, Türen, Heckklappe und Motorhaube stehen sperrangelweit offen.

Doch von dem versteckten Gold ist nicht mal ein Fitzelchen zu sehen. Wie sollte es auch? Jeden einzelnen der sorgsam eingewickelten Barren hatten die Russen an geeigneter Stelle im Auto in eine Ritze, einen Schlitz oder eine Vertiefung gesteckt. Sergej freut sich diebisch, dass der Pole nichts sieht und wohl „Tomaten auf den Augen hat". Sogleich übernimmt er das Kommando und weist mit der Hand auf diverse Verstecke: „Schau mal hier und schau mal dort. Ich hoffe, da fehlt nichts. Also, ran an die Arbeit! … erst mal alle Barren rausholen und auf einen Stapel legen; dann durchzählen und Inventur machen. Neunundneunzig Barren müssen es insgesamt sein." Als sie bei Nummer 97 angekommen sind, geraten sie bei der Suche nach den zwei fehlenden ins Stocken. Es ist wie zu Ostern, wenn zum Schluss ein paar Eier im Korb fehlen. Raissa schaut zur Decke, schließt die Augen und überlegt. Sie will die Bilder von der Verpackungsaktion in Estland aus dem Gedächtnis hervorholen. Als sie den Kopf wieder senkt und ihr Blick auf das Ersatzrad fällt, weiß sie, wo der Rest liegt. Sie gibt den Männern einen Wink und kurze Zeit später ist der Reifen demontiert und Sergej kann die fehlenden Barren herausziehen.

Im MAZDA wird das Gold nicht mehr in irgendwelchen Ritzen oder Vertiefungen versteckt. Bartosz hat sich etwas Neues ausgedacht. Er beschaffte zehn robuste Tragetaschen aus Kunststoff; es sind genau solche, wie sie von den polnischen Hausfrauen für den Einkauf benutzt werden. Diese gestreiften Dinger sind überall im Gebrauch und völlig unauffällig. Ganz unten in den Taschen breiten sie zerknülltes Zeitungspapier aus, darauf werden die Goldbarren geschichtet und ganz oben liegen wild durcheinander leere Getränkeflaschen. Das kann von außen jedermann sehen. Die Goldfuhre ist nun perfekt getarnt und völlig uninteressant für potenzielle Diebe. Das Innere des Autos sieht aus wie eine Familienkutsche. Auf der vollgekramten Rückbank fehlen nur noch ein paar Kindersachen samt Spielzeug. Mit dieser Tarnung würden sie selbst eine Polizeikontrolle unbeschadet überstehen.

Als kurz nach zehn alles verstaut ist, zieht Bartosz eine Landkarte von Westpolen aus der Tasche und breitet sie auf der Motorhaube des MAZDA aus. Die Männer mit einer Flasche Bier und Raissa mit einer Cola in der Hand beugen sich darüber. Bartosz zeigt mit dem Finger auf verschiedene Punkte an der deutsch-polnischen Grenzlinie und erklärt, wie er sich die weitere Vorgehensweise vorstellt: „Die nächste Nacht verbringen wir in einem Stettiner Hotel, es verfügt über eine Tiefgarage, dort können wir den Wagen abstellen. Einer von uns bleibt die Nacht über ständig im Auto, oder wir wechseln uns alle zwei Stunden ab. Die beiden anderen müssen sich ein Zimmer in der ersten Etage teilen. Es war das Letzte, das ich kriegen konnte. Das Hotel ist wegen der Großsegler-Regatta völlig ausgebucht."

Er schaut Raissa an: „Das mit dem gemeinsamen Zimmer ist hoffentlich okay für dich?" Sie nickt, und er fährt fort: „Morgen Vormittag starten wir nach dem Frühstück den Fluss aufwärts. Um über die Grenze nach Deutschland zu kommen, haben wir hier an der Oder diverse Möglichkeiten: Für Kraftfahrzeuge gibt es den offiziellen Grenzübergang an der Autobahn. Mit dem Gold im Gepäck dürften wir aber spätestens beim Zoll Schwierigkeiten bekommen. Weniger schwierig, aber illegal, ist der Wasserweg per Boot über die Oder. Allerdings müssten wir noch einen Kahn beschaffen und auf der deutschen Seite ein Auto besorgen. Interessant ist der kurze Luftweg rüber nach

Deutschland, per Heißluftballon oder – vielsagend schaut er Raissa an – mit einem Hubschrauber. Allerdings logistisch und finanziell ein Riesenaufwand … und ebenfalls streng verboten! Letztendlich wäre da noch die Einreise nach Deutschland mit der Eisenbahn über den Bahnhof Frankfurt/Oder, aber mit 99 Kilogramm Gold im Huckepack allenfalls eine theoretische Variante." Minutenlanges Schweigen in der Runde. Sergej schaut auf die Uhr: „Lasst uns jetzt nicht weiter grübeln. Ich bin müde und will ins Hotel. Morgen sehen wir weiter." Sie steigen ins Auto, Bartosz setzt sich ans Steuer, der Wachmann an der Toreinfahrt lässt den Schlagbaum hoch und winkt seinem Chef nur noch kurz zu. Eigentlich hätte er das Auto kontrollieren müssen, aber der Fünfzigmarkschein von Bartosz hat dies unnötig gemacht. In der Tiefgarage angekommen, erklärt Sergej kurz und knapp: „Ich übernehme die gesamte Nachtschicht hier im Auto. Eine Ablösung brauche ich nicht." Das riskant erworbene Kapital möchte er für keine Sekunde aus den Augen lassen. Außerdem macht es ihm nichts aus, auf dem Beifahrersitz zu übernachten.

Die beiden anderen teilen sich das Zimmer und ein Doppelbett. Auch das ist kein Problem. Bartosz zerrt die linke Matratze vom Bett und legt sie auf den Fußboden. Für Raissa ist die Botschaft klar, unerwünschte Annäherungsversuche muss sie wohl nicht befürchten.

*

In der Tiefgarage macht es sich Sergej auf dem Sitz bequem. Obwohl er todmüde ist, kann er nicht einschlafen. Die letzten Tage waren einfach viel zu aufregend, und heute Nacht trägt er die alleinige Verantwortung für die millionenschwere Fracht hinten im Wagen. Als der Schlaf partout nicht kommen will,

kurbelt er die Seitenscheibe nach unten, macht das Radio an und sucht einen Sender, der klassische Musik spielt. Mit geschlossenen Augen gibt er sich der Hoffnung hin, allmählich in den Schlaf hinüber dämmern zu können. Als einige Zeit später die Brandschutztür am Treppenaufgang geöffnet wird, bekommt er dieses Geräusch nur noch im Unterbewusstsein mit. Verursacht hat es die Rezeptionistin Dorota, die für den Frühstücksraum frische Tischwäsche aus dem Lager holen will. Als sie nach dem Schlüssel kramt, vernimmt sie aus einer der Parkboxen leise Musik und folgt den Klängen. Beim Näherkommen erkennt sie das Stück sogleich, es ist das Adagio Maestoso aus Paderewskis Nationalsymphonie POLONIA. Ihre Eltern legten an staatlichen Feiertagen immer diese Platte auf. An Sergejs Auto angekommen, betrachtet sie ausgiebig den leise schnarchenden Schläfer und tippt ihm schließlich auf die Schulter: „Hey, was machen Sie denn hier in unserem Keller?"
Der schlaftrunkene Sergej reibt sich die Augen, räuspert sich kurz und stammelt auf Englisch: „Na … Radio hören, was sonst."
„Ich glaube nicht, dass Sie hier unten in der Garage sein dürfen", erwidert Dorota."
„Doch, doch Sie können sich darauf verlassen. Das hat alles seine Ordnung. Ich muss hier unten im Auto schlafen. Oben war kein Zimmer mehr frei. Das letzte haben meine Freunde grad noch buchen können. Für mich hat´s nicht mehr gereicht."
Dorota wiegt bedenklich den Kopf, obwohl sie genau weiß, dass wegen der Regatta auf der Ostsee alle Stettiner Hotels total ausgebucht sind. Die ganze Stadt ist in Aufregung, denn eines der größten Segelschiffe der Welt, die russische Viermastbark Krusenstern, hat überdies im Hafen festgemacht.

Mit einem skeptischen „Mhm, Mhm“ mustert Dorota den Schläfer, geht um das Auto herum und linst durch das Heckfenster ins Innere. Dieser Mann scheint die Wahrheit zu sagen, auch die Musik aus dem Radio hat sie friedlich gestimmt. Einer Eingebung folgend stößt sie heraus: „Na dann zeigen Sie mir doch mal Ihren Pass.“ Widerspruchslos kramt ihn Sergej aus seiner Jacke. Er will jetzt keinen Ärger, wohlmöglich holt die kleine Polin noch die Polizei. Während sie im Pass blättert, mustert der Russe die forsche Kontrolleurin. Dorota ist nicht das, was man die typisch polnische Schönheit nennen würde. Sie ist recht klein und etwas pummlig, hat wenig Busen und kräftige Beine. Ihr Gesicht zeigt die unschöne Blässe ständiger Nachtarbeit mit reichlich Kaffee, zu vielen Zigaretten und wenig Schlaf. Die auf der Stirn verstreuten Pickel verstärken diesen Eindruck. Der hübsche Mund und große kluge Augen mildern den müden Eindruck. Ihre Haare sind am Hinterkopf unorthodox zu einem Dutt verknotet, aus dem links und rechts die Strähnen heraushängen. Dorota arbeitet nicht ganz freiwillig des Nachts an der Rezeption. Die angespannte wirtschaftliche Situation in Polen hat die mehrsprachige Journalistin mit Einser-Diplom in die Hotellerie verschlagen. Das kleine Gehalt reicht grad zum Überleben, ihren Wunsch nach einem Zeitungsjob in Westeuropa hat sie fürs Erste vertagen müssen. Sie wartet, wie viele andere Polen, auf eine Arbeitserlaubnis jenseits der Oder.
„Können Sie mir einen Beruhigungstee bringen?, bittet Sergej sie, als er seinen Pass zurückerhält. „Dann kann ich vielleicht einschlafen.“ „Na Sie sind mir vielleicht ein durstiges Vögelchen“, lächelt Dorota ihn an. „Ich habe mir vorhin eine ganze Kanne Tee zubereitet. Aber der ist nicht zum Einschlafen,

sondern fürs Wachbleiben bestimmt. Ich will sehen, was ich für Sie machen kann.“ Der Russe gefällt ihr, und deshalb soll er das Gewünschte auch bekommen. Als sie nach einer Weile mit dem Tee zurück kommt, steht Sergej rauchend neben dem Auto. Er nimmt ihr Kanne und Tasse ab, bugsiert beides aufs Armaturenbrett und bietet ihr eine Zigarette an. Mit leicht skeptischem Blick und einem dankbaren Lächeln nimmt sie ihm die Schachtel aus der Hand und studiert die russische Aufschrift: „Sind die stark?“ Sergej schüttelt den Kopf, umfasst kurz ihre Unterarme und schmunzelt: „Danke für den Tee, meine Liebe. Wie heißen Sie eigentlich?“
„Warum wollen Sie das wissen?“, fragt sie auf Russisch und buchstabiert, ohne seine Antwort abzuwarten, rückwärts ihren Namen. „a-t-o-r-o-D werde ich genannt.“ Feixend fingert sie eine Zigarette aus der Papp-Box und steckt sie sich nach Feuer heischend zwischen die Lippen.
„Das soll ein Name sein, den Quatsch glaube, wer will!“, verdreht Sergej belustigt die Augen, zieht heftig an seinem Tabakrest und hält mit der rechten Hand die rot glühende Spitze an Dorotas Zigarette. Dankbar inhaliert sie den Rauch und lässt es auch geschehen, dass Sergej mit seiner Linken flüchtig ihren Hals und Schulter streichelt. Spontan erwidert sie die Geste und legt ihren Arm auf seinen Rücken. Plötzlich entsteht etwas Verbindendes zwischen den beiden Nachtschwärmern.
„Ich muss wieder an meine Arbeit gehen“, macht sie sich los. „Das Geschirr können Sie mir nachher neben die Kellertür stellen. Schlafen Sie gut, meine Schicht ist um sieben Uhr beendet.“

Mit Sergejs Müdigkeit ist es erst einmal vorbei, er ist hellwach. Diese nette Polin hat sein Herz erwärmt. Es dauert zwei weitere Viertelstunden bis er endlich in den Schlaf findet.

*

Nach der Nachtschicht lässt sich Dorota von der Kaltmamsell in der Küche einen extra starken Kaffee kochen. Wegen ein paar Behördengängen muss sie heute Vormittag noch ein paar Stunden wachbleiben und kann sich erst später zu Bett legen. Als sie in einer Sesselecke des Foyers vom Kaffee nippt und an ihrer Zigarette zieht, blättert sie in der Stettiner Morgenzeitung. Auf der Rückseite unten links vertieft sie sich in die lokalen Polizeimeldungen und liest: *Gefahndet wird nach einem russischen Gaunerpärchen! Es ist vorgestern von Bord eines estnischen Fischerbootes gegangen. Ihr Auto wird als militärischer Oldtimer beschrieben. Nach den beiden wird mit internationalem Haftbefehl gesucht. Für zweckdienliche Hinweise ist eine Belohnung ausgesetzt ...*

Dorota denkt nach und macht sich so ihre Gedanken über die nächtliche Bekanntschaft im Keller. Dann fasst sie einen Entschluss. Mit der Zeitung in der Hand geht sie nochmal nach unten.

***

Ruf doch mal an!

ATRIUM Hotel Stettin.

Eine der vielen Abhöranlagen, die der polnische Geheimdienst bereits in kommunistischen Zeiten landauf und landab im Einsatz hatte, steht auch heute noch im Untergeschoss des altehrwürdigen Hotels ATRIUM. Installiert sind die Gerätschaften in einem unauffälligen Kellerraum. Hier laufen die Drähte der illegalen Telefon-Schnüffelei zusammen. Das war damals so und hat sich bis heute nicht wesentlich geändert. Der einzige Unterschied zu früher. Es werden nur noch Auslandsgespräche abgehört und gespeichert.

Den Zugang zum Abhörraum kann ein Uneingeweihter nur sehr schwer ausmachen. Die dick gepolsterte Eisentür ist hinter einem Kellerregal auf Rädern verborgen. Das Regal steht neben vielen anderen im Vorraum, es wurde zwecks Tarnung des Zugangs mit Stapeln vergilbter Hotelwäsche gefüllt. Zu realsozialistischen Zeiten hatten nur hohe Offiziere der hiesigen Spionageabwehr Zugang zu diesem Gelass. Die im Hotel arbeitenden Inoffiziellen Mitarbeiter des Geheimdienstes bekamen ihn nie zu Gesicht. Der Raum ist exterritoriales militärisches Gebiet mit eigener Stromversorgung und externer Lüftung nach außen. Die betagten Aufzeichnungsgeräte aus dem Sowjetland stehen auf einer langen Tischreihe. Auf allen liegt zwar eine dünne Staubschicht, aber im Innern sind sie voll intakt und technisch gut in Schuss.

Nach der Umwandlung von Polen in einen postkommunistischen Rechtsstaat, das war im Januar 1990, sollte diese Anlage eigentlich abgebaut werden. Aber wie so oft im Leben verhinderten diverse Zufällen die brachiale Demontage. Als in den neunziger Jahren der Stettiner Chef des reorganisierten Geheimdienstes von ihrer Existenz erfuhr, widerstand er dem

Reflex, die gesamte Technik sofort verschrotten zu lassen. Im Kreis seiner Führungsoffiziere war man sich dann sehr schnell darin einig, die Abhörgeräte auch weiterhin zu betreiben. Das Hauptargument: Die Geschichte lehrt, bereit sein ist alles für uns Polen! Schließlich haben wir einen neuen deutschen Nachbarn, und dessen Absichten bezüglich des Grenzverlaufs waren in der Vergangenheit nicht immer klar zu erkennen.

*

Als am Morgen im Foyer in einer der Telefonkabinen die Vorwahl der Niederlande in die Tastatur getippt wird, schaltet sich unten im Keller das Aufzeichnungsgerät automatisch ein, die beiden Bandteller beginnen sich langsam zu drehen:
„Hallo, Adriaan van de Kerkhoff am Apparat." „Ja, und hier spricht Bartosz Kwisnewski aus Stettin." „Hallo mein Lieber. Was hast Du denn in aller Frühe auf dem Herzen?" „Mir sind hier zwei russische Goldammern ins Nest geflattert. Knapp hundert sibirische Eier aus Sibirien haben sie im Gepäck. Alles reinste 999er Ware. Verkauft werden soll sie in Amsterdam. Unser Problem, lieber Adriaan: … wir zerbrechen uns den Kopf, denn wir haben keinen Plan, wie wir das Zeug über die Grenze nach Deutschland und von dort nach Holland bringen können. Ich hoffe, Du kannst uns weiterhelfen?" „Ich werde mich mal umhören. Ruf mich in zwei Stunden wieder an."
Der Hörer wird aufgelegt, das Tonbandgerät schaltet sich ab, und das Surren der Motoren verstummt. Im Keller herrscht wieder Stille.

*

Bartosz verstaut den Zettel mit der Amsterdamer Telefonnummer in seiner Brieftasche und schlendert unschlüssig durch das weitläufige Foyer. Der Duft von frisch gebratenen Eiern führt ihn ins Restaurant im ersten Geschoss, für die Hotelgäste wird es jeden Morgen von sieben bis halb elf zum Frühstück geöffnet. An einem kleinen Tisch am Fenster lässt er sich ein gut gewürztes Rührei, Toast und reichlich Kaffee servieren. Hier kann er seine Gedanken sammeln. Alle Hoffnungen ruhen jetzt auf seinem Geschäftsfreund aus dem Land der Tulpen. Die beiden haben sich während eines Kurzurlaubs an der Nordsee am Strand von Scheveningen kennengelernt und sofort angefreundet. Gemeinsam tastete man sich zunächst an halblegale Deals im Grenzraum zwischen Osteuropa und der EU heran. Die Gewinnmargen waren mehr als bescheiden. Deshalb stieg man später in größere Geschäfte ein. Der internationale Hafen von Swinemünde mit der Großstadt Stettin im Hinterland und der Däneninsel Bornholm vor der Haustür erwiesen sich dafür als perfekter Umschlagsort.

*

Während ihr neuer polnischer Freund telefonierte, hat sich auch Raissa aus dem Bett herausgeräkelt und dehnt und reckt sich vor dem offenen Fenster. Als sie wenig später unter der Dusche steht und das Geschehen der letzten Tage rekapituliert, wird ihr schlagartig klar, dass sie Mütterchen Russland, die geliebte Heimat, wohl niemals wiedersehen wird. In ihren Augen sammeln sich Tränen, tief bekümmert seufzt sie und tupft sich das Wasser aus dem Gesicht. Erst als sie sich den Rücken trockenrubbelt und anschließend die Haare föhnt, kann sie sich ein wenig beruhigen. Sie beschließt, wenigstens ihrer besten Freundin am Telefon Lebewohl zu sagen.

Die Telefongespräche aus den Kabinen im Foyer gehen indessen munter weiter: Wenig später schalten sich im Keller gleich zwei Aufzeichnungsgeräte ein. Denn ohne voneinander zu wissen, haben Sergej, er kam von seinem Übernachtungsplatz in der Tiefgarage, und Raissa die Vorwahl für Russland eingegeben. Der Bruder lässt sich über den Knotenpunkt Irkutsk nach Westsibirien verbinden, die Schwester ruft in Moskau an: „Sluschaju!“ (Ich höre) „Alinuschka, bist Du es?“ „Da!“ „Ich bin es, Raissa“, sie schluchzt und kann nicht weitersprechen. „Raissa, meine Liebe, hallo! Die Verbindung ist miserabel, ich kann Dich sehr schlecht verstehen. Von wo aus rufst Du an?“ „Aus Stettin melde ich mich, das ist in Polen an der Ostsee. Ich möchte mich von Dir verabschieden.“ „Wie jetzt? … verabschieden … !“ „Wir zwei werden uns in diesem Leben wohl nicht wiedersehen. Ich verschwinde mit meinem Bruder in den Westen. Du kennst ihn doch von meiner letzten Geburtstagsfeier.“

Sekunden lange Stille in der Leitung: „Ja klar, ich erinnere mich gut an Sergej. Aber warum wollt Ihr weg aus Russland? Weshalb für immer? Und wohin geht die Reise?“ „Irgendwelche Sicherheitsleute, Polizei oder so, verfolgen uns. Wir haben den russischen Staat bestohlen. Worum es geht, darf ich Dir nicht sagen. Wenn man uns kriegt, landen wir garantiert im Lager, und zwar für viele Jahre.

Deshalb gehen wir nach Westeuropa, erst mal nach Deutschland. Wie und wo dann weiter, wissen wir noch nicht. Ich wünsche Dir alles Gute, bleib schön gesund meine Liebe. Proshchal'nyy privet!“ (Leb wohl) Mit tränenüberströmtem Gesicht hängt Raissa ein und geht wieder auf ihr Zimmer. Ihre Freundin Alina sitzt an ihrem Moskauer Schreibtisch, hält den Hörer kopfschüttelnd in der Hand und legt ihn ganz langsam auf die Gabel zurück.

Sergejs Telefonat mit seinem ehemaligen Arbeitgeber in Sibirien ist von inhaltsarmer Kürze. Im Vorzimmer meldet sich die Sekretärin. Als Uchmatow darum bittet, zu Direktor Wolkonski durchgestellt zu werden, erhält er die knappe Auskunft, dass es einen Mann dieses Namens hier nicht mehr gibt. Als die Sekretärin erkennt, wer der Anrufer ist, flüstert sie nur einen Satz in den Hörer: „Wegen Veruntreuung von Volkseigentum hat die Staatsanwaltschaft den Chef verhaften lassen. Direkt vom Schreibtisch weg!“, und legt auf.

*

Das zweite Telefonat von Bartosz wird richtungsweisend sein für die weiteren Pläne des Gold-Trios. Sein holländischer Geschäftspartner übermittelt ihm die Adresse eines Kontaktmannes in Mieszkowice, einer kleinen Stadt rund sechzig Kilometer südlich von Stettin, unweit der Oder gelegen. Der Pole hat alles sorgsam notiert und geht zurück ins Zimmer, wo ihn Raissa und Sergej bereits erwarten: „Los Sachen packen! Wir fahren ab. Alles weitere erzähle ich Euch nachher im Auto.“

„Moment mal!“, unterbricht ihn Sergej, der am Fenster steht und hinausschaut. „Ich bin mir nicht sicher, ob wir noch ohne Weiteres das Hotel verlassen können.“ Er winkt die beiden heran und zeigt nach unten auf die Hotelzufahrt. Dort parkt grad ein Polizeifahrzeug vor der Tiefgarage ein, es ist ein Mannschaftswagen. Ohne die Gardine zu berühren, starren die drei nach unten.

Bartosz winkt lässig ab: „ … ist halt ein Polizeiwagen. Was soll damit schon sein?“ Sergej reicht ihm die Zeitung und weist auf die Meldung: „Hier lies selbst. Ich glaube, die meinen uns. Von Dorota, der Rezeptionistin aus der Nachtschicht, habe ich den Tipp bekommen, nicht die normale Garagenausfahrt zu nehmen, sondern die Zufahrt für die Lieferanten.“ „Was hat denn deine Dorota mit unseren Plänen zu tun?“, wirft Raissa ein. „Selbstverständlich weiß sie nichts, jedenfalls nicht von mir. Aber ich glaube, dass sie etwas ahnt …“, benennt Sergej unumwunden seine Befürchtung und berichtet von der nächtlichen Begegnung mit der Polin. „Dass sie mir die Zeitungsmeldung übersetzt hat und den Schleichweg aus der Tiefgarage zeigte, beweist, dass sie nicht auf die versprochene Belohnung scharf ist. Vielleicht sucht sie einfach nur ein kleines Abenteuer in der langweiligen Welt ihres Hoteldaseins.“

Nun ist es auch mit der Ruhe von Bartosz vorbei: „Ich gehe jetzt mal nach unten und checke die Lage“, bedeutet er den beiden Russen und verlässt eilig das Zimmer. Raissa und Sergej schauen sich vielsagend an: *War es das jetzt, klicken demnächst die Handschellen?*

Unten im Foyer ist alles ruhig. Allerdings stehen zwei Uniformierte an der Eingangstür, und neben dem Anmeldetresen diskutiert ein Zivilist in Lederjacke und Jeans mit dem Mitarbeiter.

Weiter hinten in der Sesselecke lümmeln drei Männer in Zivil in betont gelangweilter Pose. Bartosz sieht, dass sie sich nun etwas einfallen lassen müssen. Eile ist geboten. Einer Intuition folgend begibt er sich in den Keller. Dort sucht er aus einem Schmutzwäsche-Container diverse Stücke an Hotel eigener Dienstkleidung heraus: Einen Hausmeisterkittel plus Mütze für sich und Sergej sowie für Raissa einen Blazer mit Mützchen, wie ihn die Damen an der Rezeption tragen. Mit dem Paket schleicht er zurück ins Zimmer. Dort verkleiden sich alle und nehmen wenige Minuten später mit ihren Habseligkeiten im Auto Platz. Kurz darauf verlässt der vollgepackte MAZDA die

Tiefgarage durch den Lieferanteneingang in Richtung Stadtgrenze. Bartosz fährt den Wagen, Raissa sitzt neben ihm. Der sonst so aufmerksame Sergej schlummert übermüdet auf der Rückbank. Besser wäre es, wenn er hin und wieder einen Blick durchs Heckfenster werfen würde. An ihre Fersen hat sich unbemerkt ein Motorrad geheftet. Im gebührenden Abstand, aber immer in Sichtweite, folgt der Fahrer dem Goldtrio in Richtung Mieszkowic.

*

Hotel.

Im Keller des ATRIUM stehen alle Aufzeichnungsgeräte wieder still. Am Nachmittag wird ein polnischer Ex-Geheimdienstler die letzten Aufnahmen checken, sich alles Wichtige notieren und seinerseits zum Telefon greifen. Obwohl der Angerufene im russischen Kaliningrad sein Büro hat, wird die Abhöranlage dieses Gespräch nicht aufzeichnen.

Später notiert am anderen Ende der Leitung ein unauffälliger Zivilist die Informationen aus Polen, sorgfältig trägt er alles in eine Kladde ein. Sergejs erkaltete Spur ist wieder heiß, die Suche nach dem Gold kann weitergehen. Dankbar lächelt er und verabschiedet sich auf Polnisch von seinem Partner. Die beiden Männer schätzen einander. Sie lernten sich in den achtziger Jahren kennen, als der polnische und der sowjetische Geheimdienst gemeinsam gegen die Gewerkschaft Solidarnosc operierten.

In der Moskauer Einsatzzentrale zählt man das Eins und Eins der aktuellen Informationen fix zusammen. Dem Fahndungspuzzle über Sergej werden weitere Mosaiksteinchen hinzugefügt. Damit ist auch der Schleier über seine Begleiterin gelüftet. Raissas Personalakte wechselt vom Amt für Katastrophenschutz auf den Schreibtisch eines Majors des FSB, dem Auslandsgeheimdienst der Russischen Föderation. Nun läuft die Maschinerie erneut an.

Ein paar Tage später treffen sich in den Abendstunden zwei Männer auf einem Parkplatz am Stettiner Stadtrand. Als die Autos nebeneinander zum Stehen kommen, sind die Seitenscheiben auf der Fahrerseite bereits herunter gedreht. Für die vereinbarte Tagesparole gilt das griechische Alphabet. Der Pole raunt seinem Gegenüber das Wort *OMEGA* zu. Die Antwort lautet *EPSILON*. Keiner steigt aus.

Die Männer zünden sich eine Zigarette an und erfragen auf Englisch, ob mit dem Gegenüber alles okay sei. Nach dem beiderseitigen Kopfnicken streckt der Russe einen Arm aus dem Fenster, die Hand hält einen dicken Briefumschlag. Der Fahrer des anderen Autos nimmt ihn flink entgegen. Ein größerer Dollarbetrag wechselt in diesem Moment den Besitzer. Sekunden später rauschen die beiden Wagen in verschiedene Richtungen davon.

***

Gimme Shelter

Mieszkowice. Kleinstadt in West-Polen. Sommer 1997

Mit quietschenden Reifen hält der MAZDA am Ende der Zufahrtsstraße. Bereits wenige Meter weiter beginnt die Ödnis. Eine einfache Kette mit Vorhängeschloss versperrtt das Eingangstor zu diesem verlassenen Luftstützpunkt der Sowjetarmee. Das Areal liegt außerhalb der Stadt. Hier in der polnischen Pampa, wo einst Kampfjets und Hubschrauber in den Himmel aufstiegen, sagen sich nur noch Fuchs und Hase *GUTE NACHT*. Die Fensterscheiben des grau getünchten Wachhäuschens sind eingeschlagen, von der Tür blättert die Farbe, schief und krumm hängt sie in den Angeln. Der zwei Meter hohe Drahtzaun ist dicht berankt mit Kletterpflanzen. Stück für Stück ist die Natur dabei, sich das ehemalige Militärgelände zurückzuerobern.

Obwohl die Fahrt von Stettin hierher nicht lange dauerte, steigen alle drei aus, um sich die Beine zu vertreten. Unterwegs hatte Bartosz berichtet, was er von seinem holländischen Kumpel Adriaan in Erfahrung bringen konnte: In etwa zwei Stunden wird man sie hier am Tor in Empfang nehmen. Auf dem weitläufigen Gelände besteht für die nächsten Tage die Möglichkeit unterzuschlüpfen, unbehelligt von der polnischen Polizei.

Kurz vor 16 Uhr verrät das laut werdende Geknatter eines Zweitakters, dass ihr Kontakt in Kürze auf der Bildfläche erscheinen wird. Die drei sind gespannt. Eine Staubwolke aufwirbelnd nähert sich mit hoher Geschwindigkeit ein Motorrad und stoppt vor ihrem Auto. Amüsiert schauen alle auf den Fahrer, der Mann ist seltsam gekleidet, halb in Zivil und halb in Uniform. Er trägt einen geflickten zweiteiligen Militäranzug in Wüsten-Tarnfarbe, dazu passend Gurtkoppel und Schulterriemen. Statt eines Helms hat er die schwarze Kappe der Panzerfahrer auf dem Kopf, vorn blinkt der Sowjetstern. Die Helmriemen sind geöffnet und flattern lässig unter seinem Kinn. Den modischen Kontrast zu seinem Militärlook bilden durchbrochene Handschuhe, wie sie Kabriofahrer gern tragen, sowie die in Römersandalen steckenden nackten Füße.

Betont sportlich schwingt er sich vom Sitz. Als sich die Staubwolke endlich gelegt hat, schiebt er auch die dicke Schutzbrille nach oben. Sein kurzes Hallo wird freundlich erwidert. Für einen Moment muss er überlegen, wo er das Motorrad abstellen kann, denn aufbocken lässt es sich nicht mehr, der Ständer fehlt. Die WSK 175, ein Gefährt aus den 80er-Jahren, hat ihre beste Zeit schon lange hinter sich. Kurz entschlossen lehnt er die Maschine einfach an einen Zaunpfahl und gesellt sich zu den Wartenden. Die Handschuhe zieht er nicht aus, als er jedem die Finger reicht. „Ich bin Serpuchin“, murmelt er auf Polnisch und Englisch.

*

Der Belorusse Vadim Petrowitsch Serpuchin, wie er mit Vor- und Vatersnamen vollständig heißt, kam in einer Technikerfamilie zur Welt, seit Generationen siedelt sie im polnisch-weißrussischen Grenzgebiet unweit von Brest. Sein Vater, ein Ingenieur aus dem ukrainischen Charkow, lebt nicht mehr. Die Mutter, von Beruf technische Zeichnerin, entstammt einer polnischen Flüchtlingsfamilie. Vadim wuchs zweisprachig auf, machte den höheren Schulabschluss und schrieb sich am Minsker Technikum ein, einer Hochschule für angehende Luftfahrtingenieure. Seine Diplomarbeit verfasste er über Sternmotoren für landwirtschaftliche Düngerflugzeuge.

Hier auf dem Flugplatz leitete er jahrelang die Wartungseinheit der Hubschrauberstaffel. Den Dienst in den Streitkräften quittierte er 1992 im Range eines Oberleutnants, das war kurz vor dem Abzug der Sowjetarmee aus Polen. Noch im selben Jahr, nun bereits als Zivilist, glückte ihm ein spektakulärer Heirats-Coup, als es ihm und seiner Frau Margot, einer assimilierten Amerikanerin, gelang, den Kapitän eines US-Frachtschiffes zu überreden, die beiden auf hoher See außerhalb der Drei-Meilen-Zone zu trauen. Den obligatorischen Stempel der polnischen Behörden holten sie sich anschließend bei einem befreundeten Stettiner Standesbeamten. Anstatt ihr knappes Geld für die Hochzeitsfeier mit Freunden und Verwandten auszugeben, verbrachten sie grandiose Flitterwochen im feinsten Hotel von Krakow. Seit ihrer Heirat genießen Vadim und seine Frau ein dauerhaftes Bleiberecht in Polen, uneingeschränkte Loyalität zum Staat und gute Kenntnisse der Landessprache machten die Behörden dafür zur Bedingung. Fünf Jahre später ist die wirtschaftliche Lage des Paares allerdings mehr als angespannt. Ohne ihre Ersparnisse würden sie schon längst ohne Bleibe dastehen. Die Republik Polen befindet sich im Umbruch, vor allem wirtschaftlich. Hin zur Marktwirtschaft und weg von der sozialistischen Kommando-Ökonomie, so lautet das Credo der bürgerlichen Regierung. Die Serpuchins leben mehr schlecht als recht von den Honoraren der Frau. Margot dolmetscht als mäßig bezahlte Freiberuflerin für die Stettiner Hafenbehörden und die hiesige Staatsanwaltschaft. Vadim verwaltet für ein kleines Entgelt die militärischen Immobilien seines ehemaligen Arbeitgebers auf dem Flugplatz Mieszkowice. Die aus Moskau kommenden Überweisungen treffen allerdings sehr unregelmäßig bei der Bank ein.

*

Seit dem Abzug der Sowjetarmee gilt Vadims Verantwortung auf dem Flugplatz hauptsächlich den zahlreichen Hangars, im Militärjargon Shelter genannt. In diesen Bunkern wurden die Kampfjets geparkt. Es sind dick armierte Flugzeughallen, gebaut aus Stahlbeton und verschlossen mit gepanzerten Toren. Von diesen Ungetümen stehen etliche links und rechts der Start- und Landebahnen. Das Gelände ringsherum ist verwaist und wirkt verwahrlost. Über die Jahre haben sich Unkraut und zahlreiches Gesträuch breitgemacht, es wuchert überall, sogar auf den betonierten Pisten. Einzig die solide gebauten Hangars widerstanden bisher dem Verfall. Selbst Einbruchsversuche, die es häufig gab, scheiterten sämtlich an den dicken Toren. Ex-Oberleutnant Serpuchin ist hier der ungekrönte König. Er übt als Einziger die Schlüsselgewalt aus, nicht immer im Sinne des russischen Staates, jedoch stets auf den eigenen Vorteil bedacht.

*

Heute erreichten ihn zwei Anrufe, der erste kam aus Amsterdam. Adriaan van de Kerkhoff, ein Geschäftsfreund aus neuerer Zeit, war am Apparat und kündigte ihm an, dass ein Trio aus zwei Männern und einer Frau seine Unterstützung bräuchte. Ein Unterschlupf wird dringend benötigt und Hilfe bei der Weiterreise in den Westen. Wie dies im Einzelnen aussehen soll, würde man ihm persönlich darlegen. Am Nachmittag meldete sich dann Bartosz am Telefon. Sie verabredeten das Treffen für den Nachmittag an der Zufahrt des Flugplatzes.

*

Vadim öffnet das Eingangstor zum Gelände, es ist nur mit Kette und Vorhängeschloss gesichert. Mit dem Motorrad fährt er voraus und winkt Bartosz, ihm mit dem Auto zu folgen. Der ehemalige Fliegerhorst ist ein bewaldetes Areal mit breit angelegten Start- und Landebahnen. Das Gelände besteht aus einem System von asphaltierten Einbahnstraßen, gepflasterten Fußwegen, sandigen Evakuierungspunkten, einem betonierten Appellplatz, mehreren Volleyballfeldern und beschaulich anmutenden Raucherecken unter Birkenbäumen. Dazwischen stehen einstöckige Gebäude für Unterkünfte, Werkstätten und Freizeiteinrichtungen sowie der gut getarnte Zugang zum Kommandobunker.
Die Fahrt des kleinen Konvois endet bei den Startpisten, hier stehen die gut getarnten Hangars. Diese Bunker sind mehr als zwanzig Meter lang, haben die Höhe ausgewachsener Bäume und bieten in der Breite jedem Kampfflugzeug genügend Platz. Es gibt keine Fenster, sondern nur deckenhohe Stahltore. Eine grasbewachsene dicke Erdschicht bildet den halbmondförmigen Abschluss nach oben. Vor Hangar III hält die kleine Kolonne. „Adriaan hat mir erzählt, dass ihr rüber nach Deutschland wollt“, beginnt Vadim das Gespräch, als er nach den Schlüsseln in seiner Umhängetasche kramt. Bartosz nickt und weist auf Raissa und Sergej: „Die beiden sind ehemalige Angehörige der Sowjetarmee und wollen nach Amsterdam. Allerdings besitzen sie für die EU keine Einreiseerlaubnis.“
Vadims Augen leuchten, als er die Geschwister auf Russisch anspricht: „Grüßt Euch Landsleute! Na, das ist ja eine Überraschung. Aus welcher Gegend kommt Ihr denn?“ „Irkutsk und Moskau“, antwortet Sergej kurz und knapp und nennt noch seinen und Raissas Namen.

„Herzlich willkommen auf sowjetischem Grund und Boden“, freut sich Vadim. Bartosz korrigiert ihn sofort: „„… sowjetisch? … das war einmal.“ „„… Schon gut, ehemals sowjetisch …!“, brummt Serpuchin.

*

Betont langsam, im Sinne von – Passt mal auf, was ich euch jetzt zeige! - öffnet Vadim die schmale Schlupftür des Hangars und entriegelt von innen die riesigen Tore. Bartosz und Sergej helfen beim Aufschieben. Tageslicht fällt nun herein. Sorgfältig darauf bedacht, in keine der zahlreichen Öllachen zu treten, versammelt man sich in der Mitte. Es gibt Interessantes zu sehen: An der rechten Betonwand gebietet eine knallig rote Schrift, dass hier offenes Feuer und Rauchen streng verboten sind. Auf der linken Seite prangt ein übergroßes Porträt von Stalin. Der ehemalige Sowjetführer ist gut getroffen. Im Stile eines Heiligen hat ihn der Künstler gemalt; in weißer Galauniform mit goldenen Schulterstücken und einer Brust voller Orden. Im Hintergrund, gleichsam über ihm schwebend, das fein ausgemalte Staatswappen der UdSSR mit dem Ähren umkränzten Erdball, Hammer und Sichel sowie dem Sowjetstern auf dem Nordpol. An der Wand darunter das kunstvoll drapierte Höhenleitwerk einer MIG 21. Darauf ein bombastischer Schriftzug in Rot:

RUHM UND EHRE UNSEREM GROSSEN VORBILD DEM ERBAUER DES KOMMUNISMUS! GENERALISSIMUS JOSEF STALIN

Die Rückseite des Bunkers ist frei von Propaganda. Sie besteht aus einer gemauerten Schamottewand, in regelmäßigen Abständen unterbrochen von ovalen Abluftkanälen. Der Zweck: Bei Alarmstarts wurden die Triebwerke der Kampfjets bereits

im Hangar auf Touren gebracht. Ihre heißen Abgase gelangten über diese Kanäle ins Freie.
Im Unterschied zu seinen Kameraden ist Sergej wenig begeistert von dem Ganzen, missmutig schaut er sich um: „Sollen wir hier etwa auf dem Betonfußboden campieren?“ Vadim beruhigt ihn: „Nein, natürlich nicht. Nebenan in der Werkstatt stehen Doppelstockbetten für Euch bereit. Dort findet ihr auch Tisch und Stühle sowie einen Schrank. Gern könnt ihr den Propankocher nutzen. Gas dürfte noch genug drin sein in der Flasche. Mit Wasser und Strom sieht`s allerdings schlecht aus. Beides wurde abgestellt, als Russland aufhörte, seine Rechnungen zu bezahlen.“
Bartosz wird sarkastisch: „Ihr Russen seid mir schon die richtigen Schlawiner. Pompöse Stalinbilder an der Wand, aber keinen Tropfen Wasser in der Leitung.“ Vadim mit entschuldigender Miene: „Du hast ja recht, hier funktioniert kaum noch was. Auch die Toiletten gehören dazu. Ich kann dies leider nicht ändern.“ Er blickt Raissa bedauernd an: „Eure sanitären Verrichtungen müsst ihr deshalb im Wald erledigen. Die Reste buddelt bitte ein, Feldspaten und Klopapier liegen im Schuppen draußen am Giebel.“
Zum Schluss will er unbedingt noch etwas Gutes verkünden: „Liebe Freunde, keine Sorge, ich lasse euch hier nicht allein! Für den Fall der Fälle habe ich sogar ein kleines Notstromaggregat in Petto. Ich kann es gern hierher bringen. Was ihr sonst noch zum Leben braucht, muss in der Stadt eingekauft werden. Auch dabei helfe ich gern. Es sind nicht mehr als zehn Kilometer von hier.“

„Habt ihr noch Fragen?“, blickt er sich um; Kopfschütteln. „Wir wollen ja nicht ewig hier bleiben“, murmelt Bartosz. Alle nicken eifrig.
Sergej nutzt die entstandene Pause und geht mit seiner Schwester nach draußen. Er will sich mit ihr beratschlagen. Was er hier sieht und hört beunruhigt ihn. Er ist nervös, ihm geht es nicht gut. Als sie außer Hörweite sind, schaut er Raissa durchdringend an und fasst nach ihren Händen: „Sollten wir unsere Zelte nicht besser abbrechen und in die Heimat zurückkehren? Dieses seltsame Land ist mir unheimlich. Auch weiß ich nicht, was ich von Vadim und Bartosz halten soll. Der Pole giert nur nach unserem Gold und Serpuchin ist ein Vaterlandsverräter. Puh, solche Leute kann ich grad leiden! … erst heiraten sie eine Ami-Braut und danach lassen sie sich zu einem Polen umfunktionieren.“
Raissa lächelt ihn aufmunternd an: „Mensch Sergej, Bruderherz! Ich erkenne dich ja nicht wieder. Wo ist dein Mut von früher geblieben? Komm, los, nimm dich zusammen! Wir Geschwister Uchmatow ziehen dieses Ding hier bis zum Ende durch, es wäre doch gelacht. Auf uns wartet eine grandiose Zukunft im Westen.“ Sie legt ihm die Arme um den Hals und küsst ihn abwechselnd auf beide Wangen: „Mein Lieber! … eines musst du wissen, ich gehe nicht weg von hier, ich bleibe …. Für mich gibt es kein Zurück in die Heimat. Dort wartet außer jahrelanger Lagerhaft nichts Gutes mehr auf mich.“ Sergej zieht ein Taschentuch hervor und schnäuzt sich umständlich die Nase: „Ja, du hast schon recht. Gemeinsam schaffen wir das.“ Auch Vadim und Bartosz besprechen sich ausgiebig. Ihnen geht es aber nicht ums Aufhören, sondern um das WIE und WANN in Richtung Westen.

„Warum wollt ihr so eilig nach Deutschland?“ Bartosz überlegt einen Moment, sorgsam darauf bedacht nichts vom Gold preiszugeben: „Die beiden Russen, besser gesagt wir drei, haben eine wichtige Fracht dabei. Wir müssen damit nach Amsterdam. Es ist dringend. Weitere Details darf ich dir nicht verraten. Leider können wir die üblichen Routen nicht nutzen; Straße, Wasser, Luftweg alles versperrt. Die Russen dürfen nicht über die Grenze, sie haben kein Visum.“ Vadim wiegt verständnisvoll seinen Kopf: „Wenn ich dich recht verstehe, wollt ihr illegal nach Holland rübermachen.“ Bartosz widerspricht: „Ich als Pole kann reisen, wohin ich will. Bei mir gibt es keine Probleme. Die Säge klemmt nur bei Raissa und Sergej.“ „Ist schon klar! Eisenbahn und Auto scheiden aus. Und mit ′nem Boot über die Oder … ? Da habt ihr aktuell keine Chance, ist viel zu gefährlich. Das Hochwasser steht bei mehr als sechs Metern. Es steigt von Stunde zu Stunde. Wie es aussieht, gehts nur noch auf dem Luftweg über den Fluss.“ „Wie stellst du dir denn DAS vor?“, zieht Bartosz zweifelnd die Augenbrauen hoch.“ „Lass dich überraschen und hol mal deine Freunde ran. Dann kann ich euch etwas Interessantes zeigen.“
Geheimnisvoll mit dem Schlüsselbund klappernd geht Vadim voran. Im Gänsemarsch trotten die anderen hinterher, er geht zum Hangar schräg gegenüber und schließt auf. Als sich ihre Augen an das Halbdunkel gewöhnt haben, bleibt ihnen der Mund offen stehen. Vor ihnen steht ein kleiner Hubschrauber, wie es aussieht ein Eigenbau, aber mit allem Drum und Dran.
Raissa mit zweifelndem Blick: „Das Teil kann wirklich fliegen?“ „Der Kleine fliegt wie ein Adler. Und nicht nur das, er ist die Lösung für euer Problem.“ „Woher hast du ihn?“, will Sergej wissen. „Den haben meine Techniker und ich in der

Freizeit zusammengebaut“, erläutert Vadim. „Es war ein Auftrag des Geschwaderkommandeurs. Er liebte solche technischen Raffinessen und legte sogar selbst mit Hand an.“
Etwas ungläubig schauen sie auf das Fluggerät, Raissa geht mit Kennerblick mehrmals drumherum und begutachtet die Konstruktion von allen Seiten. Die stabile Kabine mit dem Sternmotor darüber macht einen soliden Eindruckt. Beplankt ist die Kanzel mit Blechen diverser Herkunft, sie stammen von alten Autos und verschrotteten Kampfjets. Der Helikopter steht auf dicken Streben, unten drangeschraubt sind simple Räder mit Vollgummibereifung. Oben der mächtige Hauptrotor lässt mit seinen leicht hängenden Spitzen den Heli kleiner erscheinen, als er in Wirklichkeit ist.
Hinten halten querverstrebte Aluminiumprofile den Heckrotor. In der Mitte dreht sich die mehrfach geteilte Antriebswelle. Was Raissa von außen gesehen hat, gefällt ihr gut, nun kommt das Innenleben dran. Sie öffnet die Seitentür und erklimmt den Pilotensitz. Eng ist es hier, sehr eng. Doch Steuerknüppel und Pedale sind exakt dort platziert, wo sie hingehören. Auf dem schmalen Armaturenbrett finden sich alle wichtigen Instrumente: Drehzahlmesser, Höhenskala und Kompass, sowie die Anzeigen für Steig- und Sinktempo, Treibstoffvorrat und Fluggeschwindigkeit. Was fehlt, sind die Manometer für Öldruck und Bordspannung. Vorn ist die Kanzel offen, für eine Vollverglasung hat es wohl nicht mehr gereicht. An ihrer Stelle wurden zwei Windabweiser montiert, wie sie an Motorradgespannen zu finden sind. Auf eine gesonderte Innenbelüftung konnte deshalb verzichtet werden. Der Hubschrauber bietet Platz für den Piloten und eine Begleitperson, das Gepäckabteil ist nicht mehr als eine kleine Box mit Deckel. Auch der Kraftstofftank hat

wenig Volumen, wie Vadim entschuldigend erklärt. Bartosz sorgt sich um die Reichweite des Hubschraubers. Er will wissen, ob die Treibstoffmenge für die Strecke ins deutsche Neuhardenberg und zurück reicht. Das wird man anschließend durchrechnen. Vadim lehnt sich an den Heli, streichelt zärtlich die Außenhaut und doziert: „Wie es aussieht, gefällt euch mein starker Freund. Ihr könnt ihn mieten, … leider nicht gratis. Das kann ich mir nicht leisten. Macht mir doch einfach ein Angebot. Vielleicht wollt ihr euch kurz dazu besprechen, ich gehe derweil nach draußen und schaue mal nach dem rechten."

*

Drinnen werden sich die drei schnell einig, ihr Projekt duldet keinen Aufschub. Sie müssen raus aus Polen, die Polizei sitzt ihnen im Nacken. Bartosz schaut Raissa an: „Wie ist deine Meinung?" „Wegen der Miete für Vadim müsst ihr Männer euch was überlegen. Wenn es ums Fliegen geht, habe ich längst einen Plan. Wollt ihr ihn hören?" Die beiden nicken eifrig. Raissa sammelt sich kurz und legt los: „Also! … der Heli ist nur für zwei Personen ausgelegt, deshalb nutzen wir ihn als Shuttle. Den ersten Flug mache ich mit dir Bartosz und einem Teil der Fracht. In Neuhardenberg setze ich dich mit den Taschen ab und komme allein zurück." Sie schaut Vadim an, der sich wieder dazu gesellt hat: „Vermutlich muss nachgetankt werden?", er nickt.

„Anschließend starte ich Flug Nummer zwei mit Sergej und dem restlichen Gepäck. Drüben laden wir aus, ich fliege zurück und hole dich Vadim. Das ist die dritte Tour. Wir tauschen kurz die Plätze, du bringst mich rüber und kehrst solo zurück." Sie schaut in die Runde, keiner hat Einwände. „Das wäre mein Vorschlag. Von mir aus kann es morgen gleich losgehen."

„Moment mal! Wir haben uns noch nicht zum Mietpreis geeinigt. Was wollt ihr mir denn zahlen?“, geht Vadim dazwischen und reibt wichtigtuerisch Daumen und Zeigefinger aneinander. „Was hältst du davon, wenn wir dir unser Auto überlassen?“, schlägt Bartosz vor. Vadim nickt: „Schöne Idee, gefällt mir gut, so machen wir das.“ Er streckt beide Hände aus, jeder schlägt ein.

Einer für alle, alle für einen!

***

Der Countdown läuft

Mieszkowice. Ehemaliger sowjetischer Fliegerhorst.

Den Abend verbringen die vier am Lagerfeuer, direkt vor dem Hangar. Das Holz dafür stammt aus den Überresten unzähliger Flachpaletten, die überall in der Gegend herumliegen. Auf dem Gaskocher in der Werkstatt hat Sergej eine Suppe gekocht, es sollte eine ukrainische Soljanka werden. Mangels wichtiger Zutaten schmeckt sie aber kaum danach. Am meisten wird darin der Geschmack der original russischen Fleischwurst und das Aroma von Roten Beten vermisst, auch fehlt der obligatorische Klecks saurer Sahne. Ein paar Flaschen Wein kompensieren den Mangel und sorgen für gute Stimmung. Fürs Morgenfrühstück hat Bartosz ein paar Stangen Weißbrot mitgebracht, zudem Mineralwasser, Fruchtsäfte, Instant-Kaffee, Salami und Margarine. Das Angebot ist spartanisch, aber verhungern muss niemand.

Gegen einundzwanzig Uhr wird es endlich dunkel. Die züngelnden Flammen tauchen die Gesichter in ein warmes Rotgelb. Auf diversen Holzstämmen hocken sie am Feuer, während die erste Flasche Chardonnay bereits herumgereicht wird. In mehreren Sprachen geht es lautstark und weinselig hin und her. Sergej und Raissa reden russisch miteinander, der Belorusse Vadim erheitert die beiden mit Witzen im Minsker Dialekt. Bartosz und Vadim plaudern auf Polnisch. Wenn jeder jeden verstehen soll, wird auf Englisch diskutiert. Sergej ist davon nicht begeistert, seine Sprachkenntnisse sind mangelhaft. In jedem lodert die Vorfreude von Pfadfindern auf das kommende Abenteuer.

Bartosz schaut auf die Uhr, nimmt einen kräftigen Schluck und klopft nachdrücklich an sein Glas. Das Palaver verstummt, alle gucken zu ihm. Mit einem kurzen Blick in die Runde erläutert er den Plan für den nächsten Tag. Am Vormittag soll zunächst Raissas Erkundungsflug starten, der ist enorm wichtig. Sie muss sich, bevor es richtig los geht, mit den Hebeln und Pedalen im Cockpit des Hubschraubers ausreichend vertraut machen. Wenn alles gut läuft, finden schon am Nachmittag die Flüge nach Deutschland statt. „Wie ihr bereits wisst, ist der ehemalige Militärflugplatz in Neuhardenberg unser Ziel, das ist gut sechzig Kilometer von hier entfernt“, beendet der Pole seine kurze Instruktion. „Von dort werden wir übermorgen von unseren holländischen Freunden abgeholt.“

*

Wegen der Dunkelheit fällt keinem auf, dass zehn Meter über ihnen eine aufmerksame Zuhörerin ihre Gespräche belauscht. Dorota, die Rezeptionistin aus dem Stettiner Hotel ATRIUM, war ihnen unbemerkt auf dem Motorrad gefolgt. Sie liegt jetzt auf dem sonnendurchwärmten Dach des Hangars, neben sich eine Kamera, diverse Getränke und eine Packung Kekse. Ihren Schlafsack nebst Taschenlampe hat sie auch dabei. Zur Nachtschicht im Hotel muss sie heute Abend nicht erscheinen. Ihr Motorrad steckt gut getarnt in einem Gebüsch unweit der Zufahrt zum Flugplatz. Gebannt verfolgt sie die Gespräche am Boden, versucht sie zu sortieren und macht sich darauf ihren eigenen Reim: *Aha, ganz klar, jetzt sehe ich langsam durch. Sergej, der hübsche Teetrinker aus der Tiefgarage, und die Frau gehören wohl zusammen. Vermutlich sind die beiden das Gaunerpärchen, von dem die Zeitung schreibt. Dieser Bartosz ist scheint´s der Anführer der Gruppe. Bleibt noch der Mann im Tarnanzug. Sie rufen ihn Vadim. Wie es aussieht ist er der Auskenner hier auf dem Flugplatz. Hoppla, was muss ich denn jetzt hören? Nun wird es ja richtig interessant!*

Die Truppe will tatsächlich mit einem Hubschrauber nach Deutschland fliegen. Warum fahren sie nicht mit ihrem Auto, oder nehmen den Zug? Die schieben wohl ein ganz großes Ding an den Start. Das darf ich mir nicht entgehen lassen. Wenn sie morgen ihre Flüge starten, schaue ich mir das an und mache auch ein paar Fotos. Vielleicht kann ich sie sogar verkaufen ... an irgendeine Zeitung oder so. Über Nacht bleibe ich einfach hier oben liegen. Das ist eine schöne warme Stelle. Gut, dass ich den Schlafsack dabei habe.

In ihrer kleinen Aufregung und in dem Wunsch kein Wort zu verpassen, beugt sich Dorota viel zu weit über den Rand des grasbewachsenen Hangardachs. Einige Erdkrümel und Steinchen geraten dadurch ins Rieseln. Rasch rutscht sie zurück hinter die Kante. Allein Sergej, der erfahrene Sicherheitsmann, registriert das Geräusch und schaut nach oben. Gegen den wolkenlosen Sternenhimmel glaubt er einen Schatten ausgemacht zu haben, der blitzschnell verschwunden ist. Er ist nicht ganz sicher und will sich Gewissheit verschaffen, ob dort jemand hockt. Zu Vadim hinübergebeugt flüstert er: „Du, ich glaube da oben auf dem Dach hockt jemand, ob Mensch oder Tier weiß ich nicht. Bitte schau jetzt nicht dorthin, sondern unterhalte dich einfach weiter. Ich gehe jetzt ganz unauffällig in den Hangar und tue so, als würde ich noch eine Flasche Wein holen."

Minuten später erklimmt Sergej mit der Pistole in der rechten und einer Taschenlampe in der anderen Hand die steile Rückseite des Hangars. Möglichst jedes Geräusch vermeidend, tritt er vorsichtig auf. Als erfahrener Jäger weiß er genau, wie man sich seiner Beute lautlos nähert. Doch auch Dorota hat registriert, dass ihre Anwesenheit nicht unbemerkt geblieben ist. Rasch verkriecht sie sich unter dem Schlafsack und hält den

Atem an. Als sie durch einen Spalt unter der Decke den Schein der Taschenlampe neben sich im Gras sieht, weiß sie, sie hat verloren. Mit einem Ruck reißt Sergej ihre Tarnung zur Seite, leuchtet ihr ins Gesicht und ist fassungslos: „Dorota, du?“ Stotternd fängt sie hemmungslos an zu weinen: „Ich will … euch doch nichts … äh, … hm … Böses tun, ich war, ich bin … einfach nur neugierig.“ Als sie die Pistole in seiner Hand bemerkt, hebt sie die Hände hoch. Sergej steckt die Waffe in den Hosenbund, kniet sich daneben und nimmt sie in den Arm: „Was machst du denn hier, meine Kleine?“, und fügt vorwurfsvoll hinzu: „Ich glaube, du spionierst uns hinterher!“
Heftig den Kopf schüttelnd und schluchzend nach den richtigen russischen Worten suchend, wimmert sie, dass sie die Nase voll hat von ihrem Leben: „Diese Armut hier in Polen – einfach nur schrecklich … im Hotel die Nachtschichten, sie machen mich krank … und die Langeweile frisst mich auf.“ Anklagend verfällt sie ins Polnische: „Ich bin eine super ausgebildete Journalistin, ich will meinen Beruf richtig ausüben, ich habe keine Lust hinter einem Hoteltresen zu verfaulen.“
Sergej ist beeindruckt. Diese Frau weiß, WAS sie will. Nur über das WIE hat sie noch keine Klarheit. Für den Moment heißt es aber, die Füße still halten und in Deckung bleiben. Er flüstert ihr beruhigend zu: „Ich gehe jetzt wieder nach unten und werde den anderen sagen, dass hier ein Dachs zugange war. Du aber wartest hier oben bis es am Feuer ruhig geworden ist, und wir unten in der Koje liegen. Anschließend verschwindest du still und heimlich nach Hause. Vorn am Wachhäuschen schreibst du mir deinen Nachnamen und die Wohnadresse an die Tür. Sobald als möglich melde ich mich bei Dir.“

Dorota verspricht es ihm, insgeheim weiß sie aber, dass sie dieses Versprechen nicht halten wird. Sergej, dieser kluge starke Mann, hat es ihr einfach angetan. Darauf zu warten, dass er sich wieder melden wird, ist ihr einfach zu wenig. Sie will mehr, und das möglichst bald!
Wieder vollzählig am Feuer fragt Raissa nach den Details des morgigen Vormittags. Vadim erklärt es ihr: „Ich werde den Heli betanken, den Technik-Check machen und den Motor probehalber starten. Du bekommst anschließend die Einweisung auf dem Pilotensitz. Bartosz wird uns beiden assistieren, während sich dein Bruder um etwaige ungebetene Besucher kümmern wird." Alle nicken, keiner hat Einwände. Vadim zerteilt mit dem Spaten das Feuer, wirft ein paar Hände Sand auf die Glut und verabschiedet sich nach Hause. Als wenig später in der Werkstatt die Petroleumlampen brennen, schließt man das Eingangstor und macht es sich so gut es geht auf den Betten bequem. Raissa ist die Einzige, die nicht ungewaschen schlafen gehen will. Schon am Tage hatte sie sich eine Emailleschüssel aus dem Küchenschrank geangelt. An ihren schlafenden Kameraden vorbei bugsiert sie jetzt einen Stuhl in die hinterste Ecke, füllt die Schüssel aus dem Trinkwasserkanister und schrubbt sich von Kopf bis Fuß ab. Das Wasser ist brr kalt, doch umso mehr erfrischt es sie nach dem verschwitzten Sommertag. Mit sorgsam geputzten Zähnen und gut gesäubert sinkt sie als letzte in den Schlaf.

*

Am nächsten Tag. Bereits kurz nach sechs Uhr sind alle an Deck, hellwach ist jeder vor Aufregung. Der frische Kaffee vertreibt die letzte Müdigkeit. Auch Vadim ist schon wieder zur Stelle. Er hat Farbe, ein paar Pinsel und eine riesige Kreuz-

Schablone mitgebracht. Sein Plan: Der Hubschrauber wird großformatig umdekoriert auf *DEUTSCHES ROTES KREUZ*. Mit diesem Zeichen am Rumpf dürften sie den Grenzfluss unbehelligt überqueren. Auch die Landung im Oderbruch kann mit dieser Bemalung kein Problem mehr sein. Noch etwas hat sich der schlaue Vadim überlegt und entnimmt seiner Tasche drei Arztkittel und diverse Rot-Kreuz-Armbinden: „Das ist die persönliche Tarnung für euch drei nach der Landung. Kein Mensch wird darauf kommen, euch nach dem Woher und Wohin zu fragen. Ihr seid einfach ein stinknormales Rettungsteam." Ohne weitere Worte stellt er noch einen ausrangierten Erste-Hilfe-Koffer dazu. „Damit seid ihr jetzt komplett, die Reise kann beginnen." Das dankbare Lächeln der drei streichelt das Herz des Belorussen.
Einträchtig um die erkaltete Asche des Nachtfeuers herum sitzend besprechen sie die nächsten Schritte: Heute wird es ernst, denn erstmals soll richtig geflogen werden. Vadim berichtet kurz, was er gesehen und im Radio bei den Frühnachrichten gehört hat. Auf der deutschen Seite schwirren bereits seit dem frühen Morgen unzählige Hubschrauber am Himmel. Ihre einzige Fracht sind Sandsäcke. Am Oderdeich bei Neuglietzen ist ein längeres Stück Erdreich abgerutscht, hier kann jeden Augenblick der Damm brechen. Hundert Kilometer flussaufwärts, so vermeldete Radio Polska, ist die Katastrophe bereits eingetreten. Auch die Ziltendorfer Niederung steht bereits meterhoch unter Wasser.

*

Selbst hier auf dem Flugplatz gibt es Probleme, Vadims Hubschrauber macht ihnen Sorgen. Vor einer Stunde startete Raissa zum Gewöhnungsflug. Zunächst stieg der Heli wie geschmiert in die Luft, aber bei zwanzig Metern über dem Boden war plötzlich Schluss. Der Sternmotor geriet gewaltig ins Stottern, er nahm kein Gas mehr an. Mit der Gemisch-Aufbereitung schien es gewaltig zu hapern, die Maschine kam einfach nicht auf Touren. Raissa hatte alle Mühe, das Fluggerät heil auf den Boden zu bringen. Schweißüberströmt entstieg sie kurz darauf der Kabine. Jetzt stehen alle um Vadims Eigenbau herum und schauen ihm bei der Fehlersuche zu. Sein Herumdoktoren an der Technik dauert bis zum Mittag, dann glaubt er, den Fehler gefunden zu haben. Verharzte Düsen wegen des langen Stillstandes waren wohl die Ursache. Der zweite Start verläuft ohne Probleme, Raissa ist zufrieden mit dem Ergebnis.

Nun ist Tempo angesagt, rasch werden die Sachen gepackt. Noch heute will man deutschen Boden erreichen. Bartosz und Sergej holen die erste Charge von fünfzig Goldbarren aus dem Auto und sammeln die persönlichen Utensilien ein. Nur mit Mühe lässt sich alles in der winzigen Gepäckbox verstauen.

Die Verabschiedung verläuft kurz, aber herzlich. Als Erster umarmt Bartosz seinen neuen Freund Vadim. Beide wissen, es ist ein Abschied für immer. Sergej küsst seine Schwester auf die Wange: „Guten Flug wünsche ich dir. In drei Stunden erwarte ich euch zurück." Raissa erwidert nichts, sie ist gedanklich bereits in der Luft. Für große Verabschiedungen hat sie jetzt keinen Nerv. Ein kurzes Winken für die Zurückbleibenden muss reichen. Das Abenteuer beginnt. Den Arztkittel bereits übergestreift, startet sie den Motor, gibt Vollgas und zieht die Maschine im steilen Bogen nach oben. Übermütig gönnt sie sich noch eine Platzrunde, während Bartoszs Blicke nervös zwischen dem Drehzahlmesser und der Höhenanzeige hin und her huschen.

*

Der Abflug wird nicht nur von Vadim und Sergej aufmerksam verfolgt. Es gibt weitere Zuschauer, sie wollen genau wissen, was auf dem Russenflugplatz so vor sich geht. Da ist zunächst die neugierige Dorota, diesmal hat sie ihren Posten auf dem benachbarten Hangar bezogen. Als sie durchs Fernglas das Rote Kreuz am Rumpf erspäht, wird ihre Vermutung zur Gewissheit. Hier startet ein ganz dickes Ding gen Westen. Wenig später trommelt sie vor Freude mit beiden Fäusten auf den Boden; Sergej, ihre heimliche Liebe, ist zum Glück noch nicht abgereist. Sie konnte genau beobachten, wie er mit irgendetwas in der Hand zwischen Hangar und Vorplatz hin und her lief. Damit hat sie nicht gerechnet, sie vermutete ihn bereits auf Nimmerwiedersehen im Hubschrauber.

*

In diesen Minuten ist Dorota mit ihren Beobachtungen nicht allein, an der Zufahrt zum Flugplatz parkt ein Kombi mit Stettiner Kennzeichen. Die Männer auf den Vordersitzen verfolgen gespannt den Flug des Helikopters. Der eine presst ein dickes Fernglas an die Augen, während der andere hektisch den Auslöser seiner Kamera betätigt. Wenig später wendet der Wagen, und verschwindet hinter einer Baumgruppe. Dort greift der Fahrer zum Telefon und führt ein langes Gespräch, während sich sein Kompagnon an einem Baum sanitär erleichtert.

*

Als der Helikopter in der Ferne verschwunden ist, hat es auch Vadim plötzlich sehr eilig. Er sammelt sein Werkzeug ein und bittet den verblüfften Sergej, unverzüglich alle Sachen aus dem Auto herauszunehmen: „Ab sofort gehört der MAZDA mir! So haben wir es vereinbart. Werdet glücklich mit dem Hubschrauber, ihr könnt ihn jetzt behalten.“ Ohne auf Sergejs Frage einzugehen - nach dem Wieso und Warum seines überhasteten Aufbruchs - lässt er sich die Wagenpapiere und den Schlüssel geben. Dann führt er Sergej zu seinem Motorrad, das um die Ecke steht. Der Zündschlüssel steckt. Nach kurzer Verabschiedung: „Da nimm! Mach`s gut Landsmann, ich wünsche euch Erfolg“, braust er davon und lässt den verblüfften Russen einfach stehen. Was dieser nicht weiß. Gestern spät Abends hatte Vadim unerfreulichen Besuch in seiner Wohnung, zwei Leutnants der Kriminalpolizei wollten von ihm wissen, was er auf dem Flughafengelände so treibt. Mit seinen nichtssagenden Auskünften waren die Herren überhaupt nicht zufrieden. Sie verließen die Wohnung mit der sehr ernst gemeinten Drohung, ihn nach Belorussland abzuschieben, falls er nicht kooperieren will. Vadim hat verstanden!

*

Sergej bleibt Kopf schüttelnd zurück, den überhasteten Abgang von Vadim kann er nicht begreifen. Er macht sich an die Arbeit und beginnt, die Hinterlassenschaften des Aufbruchs wegzuräumen. Der Blick auf die Uhr sagt ihm, dass bis zur Rückkehr von Raissa wohl noch eine Weile vergehen wird. Zunächst verteilt er die Reste der Feuerstelle im Gelände, räumt leere Flaschen und Kaffeebecher in den Hangar und schaut in der Werkstatt nach dem rechten. Aus den Frühstücksresten schmiert er sich zum Mitnehmen ein paar Brote und belegt sie dick mit Wurst und Käse. Wer weiß, wann es wieder etwas zu essen gibt. Dann legt er die Taschen mit dem restlichen Gold zur Seite und verstaut sie zusammen mit den persönlichen Utensilien. Sein abschließender Blick wandert vom Schrank über den Tisch und die Betten auf die braune Sporttasche am

Fußboden. Dort sind die Waffen drin, die ihn begleiten, seit er seine Dienstreise in Sibirien begann. Sturmgewehr und Pistolen nimmt er heraus und hält sie gedankenverloren in der Hand. Bevor er jede Waffe sorgsam zurücklegt, lässt er den gut geölten Verschluss auf und zu schnappen. Für einen Moment geben ihm die Waffen das zurück, was er zu vermissen begann, als sie in Estland an Bord des Fischkutters gegangen waren, ein tiefes Gefühl der Sicherheit. Er hofft, das gesamte Arsenal mit rüber nehmen zu können nach Deutschland. Die Goldfracht ist zu wertvoll, als dass man die Reise unbewaffnet fortsetzen könnte. Mal abwarten, was Raissa dazu sagen wird.

*

Flughafen Stettin am selben Tag.

In der Vormittagsmaschine aus Kaliningrad sitzen nicht nur Touristen. Auch drei unauffällig als Geschäftsleute gekleidete Männer sind mit an Bord, sie kennen sich. Im Heckbereich hockt jeder in einer anderen Reihe. Für den Flug eingecheckt hatten sie sich am frühen Morgen mit ihren russischen Pässen. Bei der Einreisekontrolle in Stettin weisen sie ein polnisches Dokument vor, ihr Handgepäck bleibt unkontrolliert.

Nach dem kurzen Halt beim Zoll sind die Herrentoiletten in der Ankunftshalle ihr nächstes Ziel, dort wechseln sie Jacke und Basecap und setzen sich eine Sonnenbrille auf.

Am Taxistand draußen nimmt sich jeder ein eigenes Auto, die Fahrt endet im Zentrum nahe der Fußgängerzone. Neben dem Zeitungskiosk wartet bereits eine Hostess auf die drei Besucher. In der Hand hält sie die Stettiner Ausgabe der *GAZETA WYBORCZA*. Nach dem Austausch des Losungswortes lotst sie die Männer zu einem Kleinbus. Von dort geht es weiter zu einem Bauernhof auf einem umzäunten Gelände in der Nähe von

Goszkow, einem Dorf 16 Kilometer nördlich von Mieszkowice. Hier warten auf die drei Männer eines russischen Sicherheitsdienstes bereits ihre polnischen Kontaktleute. Sie reden englisch miteinander. Die Festnahme von Raissa und Sergej plant man für die Frühstunden des morgigen Tages.

***

Unter dem Radar

Samstag, 26. Juli 1997. Oderbruch. Deutsch-polnisches Grenzgebiet.

Auf einem überschwemmten Nebenarm der Oder tuckert ein Behördenboot über das Wasser, es schiebt eine kleine Bugwelle vor sich her. Der Motor läuft im Standgas, den Drehgriff betätigt ein Mann in Uniform. Vorn sitzt sein Begleiter, auch er ist uniformiert. Ihre Mütze haben die beiden Zöllner abgesetzt, die Hemdsärmel sind hoch gekrempelt. Auf dem Bootsboden liegen diverse Kescher, wie sie für gewöhnlich von Anglern genutzt werden. Die beiden angeln allerdings nicht nach Fischen, sondern nach Paketen mit Zigaretten drin. Im Wind hin und her schaukelnd schwimmen die graubraunen Boxen auf dem Wasser.

Die Szenerie hat etwas Surreales: Die Sonne brennt vom wolkenlosen Firmament; zwei deutsche Zollbeamte fischen in aller Seelenruhe Schmuggelware aus dem Fluss, während oben am Himmel Hubschrauber kreisen. Unter ohrenbetäubendem Lärm transportieren sie tonnenweise Sandsäcke zu den gefährdeten Abschnitten des Oderdamms. Die Luft stinkt nach verbranntem Flugbenzin. Unten im Uferschilf ist das morgendliche Quaken längst verstummt, die Frösche haben sich vor Angst im Schlamm vergraben. Irgendwo weiter südlich treibt ein gekenterter Angelkahn kieloben auf dem Wasser. Er gehörte osteuropäischen Schmugglern, sie wollten die Hochwassersituation für ihren Zigarettenhandel nutzen. Daraus ist nichts geworden. Die wasserdicht verschnürten Pakete mit ihrem wertvollen Inhalt treiben nun auf dem Fluss, der Zoll wird sie abfischen und später verbrennen.

Gegen Mittag ist die Aktion beendet, im Boot stapeln sich jetzt die Pakete. Als die beiden Beamten zu ihrem Ausgangspunkt zurückkehren, taucht über ihnen ein kleiner Hubschrauber mit Rot-Kreuz-Kennung auf. Im Tiefflug schwirrt er aus Richtung Polen herein. Stotternd kämpft der Motor mit lautstarken Zündaussetzern und zieht eine untypisch verfärbte Abgasfahne hinter sich her. Die beiden Zöllner nehmen keine Notiz davon, sie haben mit ihrem eigenen Kram zu tun.

*

Oderbruch.

Zur selben Zeit sitzen Soldaten vor den Bildschirmen ihrer mobilen Radarstation und beobachten das Gewusel der Hubschrauber über der Oder. Eingesetzt sind sie hier zur Überwachung des Luftraums. Die Radarechos der unzähligen Helikopter auf dem Schirm können sie nicht mehr auseinanderhalten, es sind einfach zu viele. Deshalb entgeht ihnen der kleine grüne Leuchtpunkt, der plötzlich am unteren Bildrand erscheint, und so schnell wie er kam auch wieder verschwunden ist. Ihre ganze Aufmerksamkeit gilt seit dem frühen Morgen den für den Vormittag angekündigten TORNADO-Jets der Luftwaffe, die aus großer Höhe mit lichtstarken Kameras Bilder von der Hochwassersituation aufnehmen sollen.

*

Über der Oder.

Im Tiefflug nähert sich der Hubschrauber mit seinen beiden Insassen der deutsch-polnischen Grenze. Unter ihnen hat das Hochwasser einen riesigen See gebildet, aus dem hier und da nur noch die Baumwipfel ragen. Die endlose Wasserfläche und der unruhig laufende Motor erzeugen eine apokalyptische Stimmung in der Kanzel. Bartosz hat sich an der Lehne seines Sitzes festgekrallt, er ist leichenblass und beobachtet aufgeregt

die Anzeige des Drehzahlmessers. Wie wild pendelt der Zeiger hin und her.
Auch Raissa steht der blanke Schweiß auf der Stirn, sie muss den befürchteten Strömungsabriss am Hauptrotor unbedingt verhindern. Er hätte den Absturz des Hubschraubers zur Folge: Landung im Fluss - Rettung ausgeschlossen! Hektisch bedient sie Pedale und Hebel und gibt beharrlich immer wieder Gas. Mal reagiert der Motor darauf und dann wieder nicht.

*

Auf einem Acker, nahe Ortwig.

„Hey Daniel! Fahr ein bisschen dichter ran“, ruft Bauer Gohlke seinem Sohn zu. Die beiden mähen grade fünf Hektar Gerste ab. Das Getreide steht prächtig, das wird eine gute Ernte. Der Altbauer steuert den Mähdrescher, Daniel fährt mit Traktor und Anhänger das Korn in die Scheune. Die beiden Männer sind ein gut eingespieltes Team, es flutscht nur so. Vor wenigen Minuten hat der Mähdrescher seinen Kornbunker erneut auf den Anhänger entleert. Daniel muss sich sputen, bis zum elterlichen Hof ist es ein Stück Wegs zu fahren. Eilig gönnt er sich einen Schluck aus der Wasserflasche, schaltet auf den höchsten Gang und rauscht ab in Richtung Scheune. Als die Schlaglöcher auf dem Feldweg weniger werden, kramt er einen Apfel aus der Tasche und beißt herzhaft hinein. Während er genüsslich kaut, gehen seine Gedanken zurück auf die Landwirtschaftsmesse in Paaren Glien, das war im Frühjahr. Andächtig hatten Vater und Sohn die Zugmaschinen von JOHN DEERE und CLAAS bestaunt und sogar Probe fahren dürfen. Diese Kraftpakete sind ein anderes Kaliber als ihr ZT 323 aus DDR-Produktion. Sieben Jahre nach Einführung der D-Mark wünscht sich Daniel nichts sehnlicher unter seinem Hintern als moderne Landtechnik aus dem Westen. Der Vater ist dagegen, Geld für einen neuen Traktor auszugeben. Sein Hauptargument: „… keine neuen Schulden … die gute alte DDR-Technik macht es schließlich auch noch.“ Das ist der Standardsatz des Alten; der Sohn mag ihn nicht mehr hören. So auch gestern, als sie nach der Arbeit bei einem Feierabendbier draußen am Haus saßen und Daniel sich über die irren Ölverluste der Maschine mokierte. Doch der Vater winkte nur ab: „Bei den vielen Betriebsstunden, die der Motor auf der Uhr hat, ist das völlig normal. Dann füllst du halt den Ölstand wieder auf, das kann doch nicht so schwer sein.“

*

Am Abend zuvor.
Anstatt über Ölverluste palavert der alte Gohlke viel lieber über sein Dauerthema, die rasche Nachfolge auf dem Hof: „Junge! Wie oft muss ich es dir noch sagen. Deine Mutter und ich machen es nicht mehr lange. Bei ihr sind es die Nieren und bei mir die Gelenke. Wann übernimmst du endlich den Hof? Oder willst du ihn erst dann haben, wenn wir beide unter der Erde sind?“ Daniel schaut skeptisch drein. Wenn der alte Herr von den eigentlichen Zukunftsplänen seines Sohnes wüsste, die wenigen Haare auf dem Kahlkopf würden ihm zu Berge stehen. Nicht auszudenken das Ganze. „Papa! So ganz allein werde ich unseren Hof niemals bewirtschaften können. Das weißt du genau; achtzig Hektar Land sind einfach zu viel für einen Einzelnen. Wenn überhaupt, klappt das nur mit fremder Hilfe. Aber einen Angestellten können wir uns nicht leisten.“
Sofort grätscht der Alte rein: „Such dir eine Frau zum Heiraten und heuere Helfer für die Erntezeit an. Genug Arbeitslose haben wir ja hier in der Gegend.“

Daniel schüttelt erbost den Kopf und springt auf: „Vadder, du redest mir zu viel, wenn der Tag lang ist. Nix mit Hochzeit und fremden Erntehelfern auf dem Acker. Das ist alles Blödsinn, ich habe darauf keine Lust.“ Er weist auf die Stallungen und das Haus: „Dann verkaufen wir eben das Ganze, wenn ihr beide das Kreuz nicht mehr gerade kriegt. Ein Anruf von mir genügt, und die Käufer stehen Schlange am Tor. Für unsere Top Böden zahlen die Holländer Höchstpreise. Ich habe mich erkundigt. Du wirst sehen, unsere Flächen gehen weg wie warme Semmeln. Das Waldstück können wir ja von mir aus behalten.“
Mit hochrotem Kopf setzt er sich wieder hin und nimmt zur Beruhigung einen großen Schluck. Über seinen großen Traum, eine eigene Farm in Nordamerika, wagt er nicht, mit dem Vater zu reden. Das ist ihm noch zu heikel. Aber dieser Tag wird kommen, das schwört er sich!
„Schon gut, schon gut. Reg dich nicht auf“, der alte Gohlke hebt beschwichtigend die Hände: „Aber verrate mir doch mal eines. Du bist ein flotter Kerl, Anfang dreißig, gut gebaut und hellwach in der Birne. An jedem Wochenende fährst du rüber nach Freienwalde. Da wird sich doch in eurem Tanzpalast ein nettes Weib finden lassen. Es sind ja nicht alle Mädels in den Westen gegangen.“
Antwort heischend blickt er dem Sohn sekundenlang in die Augen. Daniel hält dem Blick stand, holt die Luft an und leckt sich kurz die Lippen. Wenn er aufgeregt ist, kommt das verfluchte Stottern wieder durch. Das erste Wort ist dann immer das Schwerste: „… du hast recht! Nicht alle Frauen sind abgehauen. Aber die Ladies, die hiergeblieben sind, haben keine Lust auf Ackerbau und Schweinestall. Frühes Aufstehen, blökendes Vieh und dröge Feldarbeit, das ist einfach out. Die

Schlauen unter ihnen studieren in Frankfurt an der Uni und die anderen gehen ins Büro oder machen sich mit Kosmetik selbstständig. Frauen, die sich trauen, einer Kuh ans Euter zu fassen, gibt es hier nicht mehr, geschweige denn einen Traktor zu fahren."

„Na dann nimm dir doch `ne flotte Polin von jenseits der Oder, es muss ja keine Deutsche sein. Auch solche Schwiegertochter wäre mir genehm, und Mutter sowieso."

Daniel verzieht das Gesicht: „Vater, ich habe weder Lust auf deine Diskussion noch auf eine deutsch-polnische Hochzeit. Das ist immer wieder dieselbe Leier. Ihr wollt auf euer Altenteil, und ich bin nicht erpicht auf Selbstausbeutung. Schluss jetzt, Ende, aus! Ich gehe rein fernsehen und schau mir den Tagesbericht von der Tour de France an. Wir sehen uns morgen früh wieder."

*

Über der Waldlichtung.

Der Hubschrauber schwingt auf und ab wie die Libellen beim Hochzeitstanz. Zum Glück gelingt es Raissa, die Drehzahl des Motors zu stabilisieren. Die Maschine läuft im Moment einigermaßen rund. Sie kann die Augen von den Instrumenten abwenden und einen längeren Blick nach draußen wagen. Die wie eine Badewanne randvoll gefüllte Oder haben sie bereits hinter sich gelassen. Vor ihnen tauchen Getreide- und Maisfelder auf, unterbrochen von Bauernhöfen, unbefestigten Wegen, stattlichen Baumgruppen und flach wucherndem Gesträuch.

Die Russin stößt ihren angstblassen Begleiter von der Seite an und brüllt ihm ein „Bartosz, wo sind wir?" ins Ohr. Doch der Pole zuckt nur mit den Schultern, obwohl eine Landkarte

griffbereit auf seinen Knien liegt. Raissa ist extrem gereizt, von ihrem Navigator hat sie mehr Unterstützung erwartet.
Vor dem Start war verabredet worden, auf Sicht zu fliegen und einfach nur dem Straßenverlauf in Richtung Neuhardenberg zu folgen.
Diese Strecke hatte Bartosz eigenhändig mit rotem Stift in die Karte eingetragen. Doch im Moment höchster Gefahr ist die Pilotin völlig auf sich allein gestellt, ihr Begleiter ist mit seinen Absturzängsten beschäftigt.
Vor dem Hubschrauber taucht ein kleines Dorf auf, aus der Entfernung glaubt Raissa an der Zufahrtstraße ein Ortseingangsschild zu erkennen. Sie greift zum Fernglas und kann im Standflug entziffern, was darauf steht. Auch Bartosz ist wieder bei der Sache und sucht auf der Landkarte verzweifelt nach dem Namen des Ortes. Grad als er stolz mit dem Finger darauf zeigen will, fällt der Motor in seinen Stotter-Rhythmus zurück. Erneut wird es kreuzgefährlich; Heck- und Hauptrotor drehen nur noch langsam, der Hubschrauber verliert rapide an Höhe.
Raissa kann nur noch „Festhalten, festhalten“ rufen, als der Helikopter im schnellen Fall nach hinten kippt. Zum Glück hat der Hauptrotor nicht aufgehört sich zu drehen, das bremst den heftigen Sturz. Krachend schlägt das Fluggerät mit einem gewaltigen Rumms auf einer Lichtung auf. Der stabile Rahmen der Kabine fängt den Stoß ein wenig ab. Wie Strohhalme knicken die Radstreben zur Seite, der Heckrotor reißt ab und bohrt sich in den Boden. Vom hinteren Aluminiumgestänge bleibt nur noch verbogenes Metall übrig.
Mit schreckgeweiteten Augen starren sich die beiden an. Aus diversen Schnittwunden an Kopf und Händen quillt Blut, zum Glück sind es nur oberflächliche Verletzungen. „Los raus!“,

schreit Raissa und hilft dem Polen beim Öffnen der Sicherheitsgurte. Über ihnen züngeln bereits die Flammen aus dem Motor und nähern sich mit bedenklichem Tempo dem Kraftstofftank. Mit der Schulter drückt sie die Tür auf und springt hinaus, Bartosz folgt ihr, seine Hand umklammert die Landkarte. So schnell sie können, rennen sie zur nächsten Baumgruppe. Bevor sie das Wäldchen erreichen, wirft sie die Explosionswucht des berstenden Tanks zu Boden. Es regnet Erdklumpen und trockene Äste. Zum Glück tragen sie außer blauen Flecken keine weiteren Verletzungen davon. Vorsichtig wendet erst Raissa und dann Bartosz den Kopf nach hinten. Ihnen bietet sich ein grauenhafter Anblick, der Helikopter steht in hellen Flammen. Der Pole kann nur noch röcheln: „Unser Gold, unser schönes Gold." Dann verliert er die Besinnung.

*

Auf dem Gerstenfeld.

Vater und Sohn sind sich einig. Heute wird so lange gedroschen, bis der Nacht-Tau die Arbeit beendet. Das Abendessen hat ihnen Mutter Gohlke aufs Feld gebracht, auf diese Weise verlieren sie keine Zeit mit unnötigem Hin- und Herfahren.

Auf einem Geschirrtuch, sauber ausgebreitet am Feldrand, stehen Bouletten, Butterbrote und eine große Schüssel Tomatensalat bereit. In der Kühlbox warten ein paar Flaschen Bier.

Es dunkelt bereits, als Daniel die letzte Fuhre macht. Sie haben alles geschafft, der Schlag ist abgemäht. Für die Braugerste werden sie im Frühjahr einen schönen Preis erzielen.

Die Männer fahren heimwärts. Nur der Mähdrescher bleibt auf dem Acker zurück. Nachbarbauer Kosanke wird ihn am nächsten Morgen gleich übernehmen.

Auf dem leeren Anhänger verteilen sich nur noch ein paar ungedroschene Ähren und diverse Schwaden Stroh für die Einstreu im Stall. Ausgelaugt vom langen Tag hält Daniel mit einer Hand das Lenkrad fest und blinzelt müde in das Scheinwerferlicht auf dem Feldweg. Rechts von ihm hockt der Vater auf dem Notsitz.

Das Kofferradio auf dem Armaturenbrett dudelt deutsche Schlager. Die Spätnachrichten vorhin verkündeten den Pegelstand der Oder, er ist unverändert hoch. Der Rest der Meldungen war uninteressant.

Als plötzlich eine gespenstische Gestalt im dreckverschmierten weißen Kittel heftig winkend aus dem seitlichen Gebüsch springt, ist es vorbei mit der Schläfrigkeit. Daniel reißt das Steuer herum und bremst abrupt. Ackerstaub und kleine Steinchen wirbeln auf, nach wenigen Metern steht der Traktor. Er stößt die Tür auf und springt heraus, der Vater folgt ihm. „Help us, help us! Our helicopter crashed!“, ruft die fremde Frau und zeigt auf das Gebüsch. „Was ist los, warum schreit sie so?“, rennt der Alte Daniel hinterher. „Sie hat irgendwas von Hubschrauber und Absturz gebrüllt.“

Schweratmend treten die Männer heran und sehen einen blutverschmierten Menschen auf dem Boden liegen. Seine Augen sind geöffnet. Er stöhnt und macht eine Geste des Trinkens. Daniel holt die Wasserflasche aus der Essenstasche und reicht sie der Frau. Sie kniet sich neben den Liegenden, hebt seinen Kopf an und setzt ihm die Flasche an den Mund. Gierig und sich immer wieder verschluckend trinkt der Mann die Hälfte aus. Die Frau gönnt sich den Rest. Danach herrscht tiefes Schweigen. Urplötzlich macht der Mann am Boden Anstalten aufzustehen, sie hilft ihm dabei. Etwas wackelig sich aneinander festhaltend, aber aufrecht stehend, verharren die beiden im Scheinwerferlicht. Ihre Blicke gehen hin und her. Vater Gohlke macht eine einladende Geste in Richtung Anhänger und öffnet umstandslos die Seitenklappe. Mit viel Hauruck, Ziehen und Drücken schaffen es Raissa und Bartosz schließlich auf die Ladefläche und sinken auf die Strohschütte. Der Alte schließt die Klappe und geht wieder nach vorn. Ein kurzes Hupen, ein kleiner Ruck und schon geht die Fahrt weiter.

Zu Hause angekommen, werden die beiden in die große Wohnküche geführt. Den Verbandskasten vom Traktor legt Daniel auf den Tisch und schleppt eine große Schüssel mit Wasser aus der Waschküche heran. Die Russin und der Pole sitzen abwartend auf der Bank am Fenster, in der Hand ein großes Glas Wasser. Keiner sagt ein Wort. Daniel und der Vater schauen jetzt der Mutter zu. Sie, die gestandene Rot-Kreuz-Helferin, säubert fachmännisch die Wunden, legt Verbandszeug an, klebt Pflaster auf und lässt ihre Patienten Schmerztabletten schlucken. Bartosz kramt seine Deutschkenntnisse zusammen, er will den Gohlkes die Situation erklären. Doch die Mutter legt den Zeigefinger auf den Mund und bedeutet ihm zu schweigen. Dann deckt sie den Tisch, stellt die restliche Suppe vom Vortag in die Mitte und legt ein paar Brotscheiben dazu. Mit einem „Guten Appetit“ verlassen die drei Gohlkes für ein paar Minuten die Küche und besprechen im Wohnzimmer die Situation. Später bringt Daniel die überraschenden Gäste nach oben in die Gesindestuben. Bevor Bartosz in der unmöblierten Knechtekammer auf eine Matratze sinkt, lässt er sich auf seiner Landkarte noch zeigen, wo genau sie hier sind. Daniel wundert sich über diesen seltsamen Wunsch, denkt sich aber nichts dabei. Ungeachtet von Absturztrauma und zahlreichen Wunden hat der Pole seine Gedanken schon wieder beieinander und klügelt an einem neuen Plan. Ganz anders Raissa. Todmüde und ausgelaugt kann sie nur noch an Schlaf denken. Die Kleidung abwerfen und in das weiche Bett der Mägdestube sinken sind eine Sache von Sekunden. Erst am späten Vormittag wird sie aufwachen. Als schließlich auch die Gohlkes in ihren Betten liegen, kehrt nach Mitternacht endlich Ruhe ein im Haus.

***

Verschwunden

Bauernhof der Familie Gohlke.

Auf seine innere Uhr kann Bartosz sich jederzeit verlassen. Kurz vor dem Einschlafen hat er den Gehirnwecker auf vier Uhr morgens gestellt und wird prompt um diese Zeit wach. Auf der dünnen Matratze schlief er schlecht, und beim Hochkommen muss er sich kurz orientieren über das Wo und Wie seiner Situation. Der Groschen fällt langsam: wilder Start … dramatischer Absturz … grelle Explosion … Fahrt auf dem Anhänger … Suppe vor Mitternacht … irgendwann im Bett … Blinzelnd steht er am Fenster der niedrigen Kammer, späht hinaus und schaut an sich herunter. Anziehen muss er sich nicht, die Kleidung vom Vortag klebt noch am Körper. Gewohnheitsmäßig klopft er mit beiden Händen von oben nach unten auf Jacken- und Hosentaschen, es sind die typischen Griffe nach Brieftasche, Schlüsselbund, Taschenmesser und Pfefferminzrolle. Er hat nichts verloren, alles ist an seinem Platz. Nur die Schuhe hatte er sich vor dem Einschlafen von den Füßen gezogen. Jetzt nimmt er sie zur Hand und vergisst auch die Landkarte nicht, sie ist wichtig. Auf Strümpfen schleicht er die Treppe hinunter. Im Haus bleibt es ruhig, niemanden scheint das Knarzen der Stufen zu stören. Die Morgensonne lugt bereits durchs Küchenfenster, als er sich eine Flasche Mineralwasser aus dem Kühlschrank angelt und nach der angebrochene Tafel Schokolade auf dem Tisch greift. Bartosz hat es eilig, sehr eilig! In der Diele macht er nochmal kehrt und langt sich vom Garderobenschränkchen ein paar leere Notizzettel und einen aufgerissenen Briefumschlag, in der Schublade darunter findet er einen Bleistift.

Die Haustür ist zum Glück unverschlossen. Draußen auf dem Hof zieht er sich auf der Bank die Schuhe an, geht zum Traktor hinüber, schaut erst ins Fahrerhaus, dann auf den Anhänger und hastet, sich nach allen Seiten umblickend, in Richtung Scheune. Die Schlupftür neben dem zweiflügligen Tor ist nur angelehnt. Er schleicht hinein und hält instinktiv die Luft an, seine empfindliche Nase muss sich erst an den üblen Geruch von verfaultem Stroh, Hühnerdreck und Auspuffgasen gewöhnen. Als sich die Augen an das Halbdunkel angepasst haben, umspielt ein Lächeln seine Lippen. Worauf er seit dem Erwachen hoffte, steht jetzt vor ihm, der zweirädrige Fuhrpark der Gohlkes. An der Wand lehnt ein verstaubtes Fahrrad, daneben in gefährlicher Schräglage ein uraltes Moped ohne Sattel und vor dem Stützbalken ein Kleinstmotorrad. Die Sitzbank ist hochgeklappt, aus dem Werkzeugfach darunter ragt eine Luftpumpe. Auf dem Tank kann er an der Seite den verblassten Schriftzug *Simson-STAR* entziffern. Vorn auf dem Scheinwerfer steckt der Schlüssel im Zündschloss. Bartosz dreht ihn herum und tritt den Kickstarter. Sofort springt der Motor an und geht aber nach einigen Takten wieder aus, der Benzinhahn ist zu. Alles kein Problem, den Umgang mit Motorrädern kennt der Pole. Mit dem Daumen prüft er kurz den Luftdruck der Reifen, pumpt hinten und vorn ein paar Stöße nach und schiebt das Fahrzeug auf die Straße. Im Dorf ist es um diese Zeit noch still. Er startet das Maschinchen, schwingt sich in den Sattel, kuppelt von Hand und schaltet die Gänge hoch. Die Tachonadel pendelt sich bei der Sechzig ein. Auf dem gelben Schild am Ortsausgang liest er *Neuhardenberg 20 km.* Es geht flott dahin auf der gut asphaltierten Straße, in einer halben Stunde wird er dort sein. Am Flugplatz wartet auf ihn ein stattliches Wohnmobil mit niederländischem Kennzeichen. Sein Freund Adriaan hat Wort gehalten. Vorsichtig klopft er an Tür und Fenster. Es dauert nur ein paar Augenblicke bis der Fahrer aus der Koje raus ist und die schmale Tür geöffnet hat. Beide Männer nuscheln kurz das vereinbarte Losungswort; Bartosz wird hereingebeten. Der Holländer setzt Kaffeewasser auf und bietet dem Polen eine Banane gegen den Morgenhunger an. Wenig später nehmen sie Kurs auf die Autobahn, an der Auffahrt Fürstenwalde reiht man sich ein in die endlose Kolonne der Trucks, die bereits am frühen Morgen auf der A12 in Richtung Berlin unterwegs sind. Prophetisch ertönt im Radio das *Go West* der Pet Shop Boys. Bartosz macht es sich auf dem Beifahrersitz bequem und schläft nochmal ein.

*

Bauernhof der Gohlkes.

Erst gegen Mittag wird Raissa den Abschiedsbrief ihres polnischen Freundes in den Händen halten. Gut sichtbar war er in einem aufgerissenen Kuvert auf dem Gepäckständer des Fahrrads deponiert, Daniel fand ihn. Es sind hastig hingekritzelte Zeilen.

LIEBE FREUNDE!

MIR GEHT ES SCHLECHT - AUF UNSEREM PROJEKT LIEGT EIN FLUCH - DESHALB SIND WIR ABGESTÜRZT - DESHALB VERFOLGT UNS DIE POLIZEI - DESHALB WILL ICH NICHT IM GEFÄNGNIS ENDEN - ICH MACHE SCHLUSS - DAS IST MIR ALLES ZU GEFÄHRLICH - WIR WERDEN UNS WOHL NICHT WIEDERSEHEN - ICH GEHE NACH AMSTERDAM - DORT WARTET EIN FREUND AUF MICH - ALLES GUTE FÜR EUCH - DAS GELD HIER IM UMSCHLAG IST FÜR DAS MOTORRAD - ICH STELLE ES AM FLUGPLATZ AB.

LEBT WOHL! EUER BARTOSZ

*

Am späten Vormittag klopft Daniel an die Tür der Mädchenkammer. In der Hand hält er eine Kanne mit Kaffee und zwei Tassen. Weil er von drinnen nichts hört, drückt er vorsichtig die Klinke herunter und steckt den Kopf durch den Türspalt. Tief unter der Bettdecke eingemummelt hat Raissa die Augen noch geschlossen, aber sie schläft nicht mehr. Nur die rechte Hand schaut an der Seite hervor, mit den Fingern schnipst sie ihn heran. Das hat etwas Lustiges. Spontan wünscht er ihr auf Russisch einen Guten Morgen. Sie steckt den Kopf unter der Decke hervor und grüßt auf Englisch zurück. Daniel gefällt das. Lächelnd fragt er: „Coffee? You like it?“, und hält die Kanne hoch. Dankbar nickt sie und richtet sich im Bett auf. Er gießt ein und reicht ihr die Tasse. Verlegen wendet er den Blick von der herabrutschenden Zudecke ab, darunter schauen die nackten Schultern bis zum Brustansatz hervor. Auf dem Hocker neben dem Bett schimmert eine Kette mit dem goldenen Kreuz der orthodoxen Kirche, die schrägen Querbalken am Kruzifix sind mit funkelnden Steinen besetzt. Als sie den ersten Schluck getrunken hat und sich die Haare aus dem Gesicht streicht, kann Daniel sie in Ruhe anschauen.

Bis auf eine verschorfte Blessur an der Stirn und einen blauen Fleck am Kinn blieb ihr Gesicht von Verletzungen verschont. Allerdings sieht es an Armen und Händen weniger gut aus. Er weist auf die zahlreichen Pflaster und verzieht anteilnehmend das Gesicht. Sie nickt nur: „Yes, it hurts.“ Daniel verlässt den Raum und geht mit der Kanne eine Tür weiter. Auch Bartosz soll seinen Morgenkaffee bekommen. Doch die Kammer ist leer, keine Spur von ihm. Noch denkt er sich nichts dabei, denn er vermutet den Polen auf der Toilette, doch auch hier

Fehlanzeige. Vergeblich sucht er das ganze Haus, den Hof und die Ställe ab, niemand da. In der Scheune entdeckt er, dass das Moped fehlt. Auf der Straße vorm Tor sieht er die frischen Reifenspuren am Boden, nun sind alle Unklarheiten beseitigt; der Gast hat sich aus dem Staub gemacht. Als er mit den Eltern die Sachlage beim Frühstück bespricht, steht Raissa plötzlich in der Tür und unterbricht die familiäre Runde. Sie will ins Bad und bittet um ein Handtuch. Mutter Gohlke kümmert sich darum, geleitet die Russin ins Badezimmer, legt ihr Wäsche aus dem eigenen Bestand heraus und lässt Wasser in die Wanne laufen.

*

Von der nahen Kirche hallen bereits zwölf Schläge durchs Dorf, als Raissa frisch geduscht in der Küche am gut gedeckten Tisch Platz nimmt. Auf dem karierten Wachstuch fehlt es an nichts: Spiegeleier mit Speck, Wurst und Käse auf einem Brettchen, aufgeschnittene Tomaten mit Zwiebeln, frisches Brot und goldgelbe Butter in der Porzellandose. Auch eine Kanne Tee steht bereit, nebst Apfelsaft im Glas. Sich genießerisch die Lippen leckend mustert die Russin die Einladung zum Essen. Nach den spartanischen Mahlzeiten der letzten Wochen, wähnt sie sich jetzt im Paradies. Daniel leistet ihr am Tisch Gesellschaft, während Mutter Gohlke sich um den Abwasch kümmert. Schweigend auf ihren Teller schauend schiebt Raissa die ersten Bissen in den Mund. Mit dem Waschlappen in der Hand weist die Mutter auf die Russin: „Daniel! Du kennst doch ihre Sprache. Nun frag sie doch mal, wer sie ist, und was sie hier will.“ „Als ob das so einfach wäre“, brummt er zurück. Raissa ahnt, worum es geht und legt spontan los: „Menya zovut Raissa Uchmatowa. Do you speak po russkiy or English?“

Daniel nickt erleichtert: Mit "Yes, a little bit!", nimmt er den Ball auf und will wissen, wie es ihr geht. „Pretty good", lautet die kurze Antwort. In seinem einfachen Englisch berichtet er vom gestrigen Abend und erzählt der Russin von sich, dem Bauernhof und den Eltern. Aufmerksam hört sie zu und erfährt, dass Bartosz verschwunden ist, und das Moped aus der Scheune fehlt. Beiläufig zieht Daniel den Brief des Polen aus der Tasche und reicht ihn über den Tisch. Mit jeder gelesenen Zeile wird sie blass und blasser. Tapfer studiert sie das Gekritzel bis zum Ende, und dann noch einmal von vorn. Der Brief ist ein Schlag in die Magengrube, so heftig wie unerwartet. Die sonst so abgeklärte Pilotin verliert den Halt und ihr wird schwindlig. Der Boden unter den Füßen beginnt sich zu drehen: *Heimatlos ... von der Polizei gejagt ... hilflos im fremden Land ... der Hubschrauber zerstört ... Bartosz verschwunden und der Bruder weit weg.* Sie lässt das Briefchen fallen, sackt urplötzlich zusammen und kann sich grad noch am Tisch festhalten. Daniel springt auf, holt ein Glas Wasser vom Hahn und hält es ihr an den Mund. Hastig trinkt sie in kleinen Zügen. Spontan zieht er seinen Stuhl heran und hält sie fest im Arm. Die Mutter, sie war kurz mal draußen, springt hinzu und kümmert sich um Raissa, die der Ohnmacht nahe ist. Gemeinsam betten sie den Gast im Wohnzimmer auf die Couch.

Allmählich kommt die Russin wieder zu sich, sie zittert am ganzen Körper und schaut sich ängstlich um.

Daniel streicht ihr über die Stirn und murmelt beruhigende Worte. Das Zittern hört nicht auf. Marianne Gohlke erfasst sofort die Situation und rennt los. Aus ihrem Arzneischränkchen in der Speisekammer holt sie ein dunkelbraunes Fläschchen, beklebt ist es mit einem Etikett in lateinischer Sprache.

Gekauft hat sie die Tinktur bereits vor Jahren auf dem Polenmarkt, Hauptbestandteil ist Opium. Mit dem Verkäufer kam sie nur auf Empfehlung einer befreundeten Bäuerin in Kontakt, er handelte neben russischen Schnäpsen auch mit illegalen Betäubungsmitteln. Heute kommt das Fläschchen nach dem Treppensturz von Daniels Onkel zum zweiten Mal zum Einsatz. Mit einem Teelöffel wird ihr eine abgezählte Tropfenmenge eingeflößt, kurze Zeit später fällt sie in einen Tiefschlaf. Erst am nächsten Morgen wird sie daraus erwachen.

*

Irgendwo im Oderbruch.

Der Absturz des Hubschraubers war in den umliegenden Dörfern und Gehöften völlig unbemerkt geblieben. Nur eine Wildschweinrotte und ein Rudel Rehe hatten erschrocken das Weite gesucht. Den Aufprall auf dem Erdboden, ja selbst den Wumms des explodierenden Tanks hatte kein Mensch mitbekommen. Der Grund sind die seit Tagen andauernden Rettungsarbeiten am Deich. Der unaufhörlich steigende Flusspegel treibt die Helfer mit ihren Maschinen zu lautstarken Höchstleistungen an, ein Dammbruch muss mit allen Mitteln verhindert werden. In dem sonst so stillen Oderbruch herrscht ein ungewohnter Dauerlärm, der nur des Nachts ein wenig abebbt. Auf den Zufahrtsstraßen zum Deich poltern die mit Material beladenen schweren Lastwagen, während das Schwirren der riesigen Bundeswehr-Helikopter Kilometer weit zu hören ist.

*

Ortwig.

Für die Dorfkinder ist das Tohuwabohu am Damm ein riesiges Spektakel, schöner können die Sommerferien kaum sein. Nur schade, dass in diesen Tagen in der Oder nicht gebadet werden darf. Sie müssen sich mit der lauwarmen Brühe der mit Entengrütze bedeckten Tümpel und Teiche begnügen. Tobias und Markus, bereits große Jungen und die unumstrittenen Anführer der Schar, haben gestern Abend einen Plan ausgeheckt. Gleich am nächsten Vormittag wollen sie ein Geländespiel im nahegelegenen Wald veranstalten, alle freuen sich auf eine spannende Schnitzeljagd. Treffpunkt ist das Denkmal neben der Kirchenruine. Dort werden die für das Spiel benötigten Zeitungen eingesammelt, anschließend zu Schnipseln gerissen und für den Transport in Stoffbeuteln verstaut. Bevor es losgehen kann, erklären die beiden Schiedsrichter nochmal die Regeln: Die *Verstecker-Gruppe* bekommt einen Vorsprung von fünfzehn Minuten und muss in Richtung Wald, spätestens an der Scheune von Bauer Miethke anfangen, die Schnitzel zu streuen. Sie dürfen so viele Irrwege legen, wie sie wollen. Bevor die Kinder losrennen, überprüft Markus, dass jedes Kind seinen Bindfaden am Oberarm ordentlich befestigt hat. Der Faden ist für den Endkampf zwischen den *Versteckern* und den *Suchern* bestimmt, wer die meisten erbeutet hat, ist der Sieger der Schnitzeljagd. Tobias gibt das Signal mit der Trillerpfeife und schaut auf die Uhr. Die erste Gruppe rennt los, und eine Viertelstunde später setzen sich auch die Verfolger in Trab.

Später im Wald endet das Spiel nach wenigen hundert Metern abrupt an einer Lichtung. Hier hat Raissa den Hubschrauber notgelandet. Da, wo das dichte Strauchwerk endet und der sandige Waldboden beginnt, bleiben die Kinder mit einem Ruck stehen. In gut dreißig Meter Entfernung steht auf verbogenen Kufen in gefährlicher Schräglage das ausgeglühte Wrack. Es besteht nur noch aus den krummen Spanten, dem zerfetzten Triebwerk und den Metallteilen der Beplankung. Den

Kraftstofftank hat es in Millimeter große Teilchen zerrissen. Die Rotorblätter sind verbogen, ihre Spitzen haben sich tief ins Erdreich gebohrt. In den Bäumen und Sträuchern hängt noch der Gestank des verbrannten Kerosins. Ängstlich schauen die Kinder auf die Szenerie und tauschen flüsternd ihre Mutmaßung aus, ob dort vielleicht Tote liegen. Als sie sehen, dass sich nichts rührt und alles still ist werden sie mutig und wagen sich dichter an die Überreste heran. Die größeren Jungen haben sich bereits Stöcke und Äste gesucht und fangen an, am Wrack herumzustochern. Im weiten Umkreis um die Absturzstelle liegen große und kleine Metallteile auf dem Boden. Durch die Wucht der Explosion wurden sie Meter weit verteilt. Die Szenerie hat etwas kriegsähnliches.

Auch Markus, der Sohn von Bauer Herbstreit, fasst sich ein Herz und scharrt mit seinem Stock vorsichtig unter dem Wrack. Er ist fest entschlossen, hinein zu kriechen und sich die Überreste aus der Nähe anzuschauen. Zur Sicherheit ruckelt er kurz an den rußgeschwärzten Stangen und Traversen, nichts bewegt sich, alles in Ordnung. Er macht sich lang, krabbelt hinein und wendet links und rechts den Kopf. Viel zu sehen ist nicht, auch keine menschlichen Überreste. Vom Piloten keine Spur, er konnte sich wohl retten. Der Gestank der verkohlten Teile sticht ihm gewaltig in die Nase. Die Erde hier unten ist grau von Ruß und Asche und getränkt mit Ölresten und Kühlflüssigkeit. Ein unförmiger glänzender Metallklumpen, der neben den verbogenen Triebwerksteilen liegt, erregt schnell seine Aufmerksamkeit. Er ist bedeckt mit Stofffetzen und Plastikteilchen. Als er den Brocken vorsichtig mit dem Zeigefinger berührt, spürt er noch eine milde Restwärme aus dem Innern. Er zieht sein Pfadfindermesser aus dem Gürtel und pocht mit der Spitze auf das Metall. Der Klang ist weich. Die goldglänzende Oberfläche macht ihn neugierig, und er ruft nach Tobias, ihm zu helfen. Als die Jungs nebeneinander liegen, trennen sie mit der Messerspitze ein paar dicke Späne ab. Markus wickelt sie sorgsam in sein Taschentuch und sucht weiter. Mit den Fingerspitzen ertastet er auf dem Brocken so etwas wie eingeprägte Buchstaben und Zahlen. Einen Reim vermag er sich nicht darauf zu machen, noch nicht. Jedoch kommt seine Phantasie, gespeist aus Abenteuerfilmen über Goldsucher am Klondike, jetzt so richtig auf Touren. *Sollte das etwa ein Goldklumpen sein?* Er überlegt fieberhaft, und wenig später macht es Klick im Kopf, als er an seinen letzten Chemieunterricht zurück denkt. Das war vor den Sommerferien, und es ging um Edelmetalle. Lehrer Mitscherlich bot seinen Schülern an, zu Hause ein Experiment zu machen. Mit wenigen Tropfen einer Mischung aus Salz- und Salpetersäure, dem sogenannten *Königswasser*, kann man feststellen, ob ein Gegenstand aus reinem Gold besteht, oder wenigstens einer Legierung daraus. „Fragt doch mal eure Mutter, ob sie ihren Ehering dafür zu Verfügung stellt“, gab er ihnen mit auf den Heimweg. Markus gefiel diese Idee, und er nahm ein Probefläschchen mit nach Hause. Doch statt des Rings gab es auf seine Bitte hin eine deftige Kopfnuss von der Mama. Sie tippte kopfschüttelnd den Finger an die Stirn. „Wie bescheuert ist das denn?“

Unter den Wrackteilen wieder hervorgekrochen klopfen sich die beiden ihre Hose ab und gesellen sich zu ihren Kameraden. „Ja und?“, schauen sie Markus an. „Hast du was gefunden; Waffen, Tote oder so?“ Die Fragen prasseln von allen Seiten auf ihn ein. Breitbeinig stellt er sich vor sie hin: „Also! Das Ding hier, diese fliegende Kiste, dieser UFO, ist vom Himmel

gefallen, will sagen, er ist abgestürzt. Ein Flugzeug ist es nicht, aber auch kein Satellit.“ Er weist auf die verbogenen Rotorblätter: „Das sieht nach einem Hubschrauber aus. Der Pilot konnte sich wohl retten, vielleicht mit `nem Fallschirm. Einen Toten konnten wir jedenfalls nicht entdecken. Gefunden haben wir aber einen großen Metallbrocken. Hier schaut mal, ein paar Späne habe ich abgekratzt.“ Vorsichtig zieht er das Taschentuch hervor und faltet es auseinander. Zwischen Erdkrümeln und getrocknetem Schnodder blitzen die Splitter hervor. Die Kinder bilden einen engen Kreis und schauen andächtig auf das Tuch, er hält es weit ausgebreitet zwischen seinen Händen. Ein lütter Junge hat sich in die erste Reihe gemogelt: „Ist das vielleicht Gold wie im Märchen vom Rumpelstilzchen?“
Alle schauen belustigt auf den Kleinen. Markus schnalzt wissend mit der Zunge und denkt an den Test des Chemielehrers: „Wisst ihr was? Kommt alle mit zu mir nach Hause. Ich habe eine Zauberflüssigkeit, damit kann ich feststellen, ob das hier Gold ist. Wir machen gemeinsam den Test.“ Die Kinder ziehen johlend ins Dorf und singen: „Goldtest, Goldtest! Markus macht den Goldtest.“

***

Klondike-Fieber

Oderbruch. In der Nähe von Ortwig.

Es geht wie ein Lauffeuer durchs Dorf. In der Nähe von Gohlkes Gerstenschlag haben die Kinder wohl einen Goldklumpen entdeckt. Er liegt unter einem abgestürzten Hubschrauber, das Wrack ist völlig ausgebrannt. Der Älteste von Herbstreits will herausgefunden haben, dass es sich bei dem Metallbrocken wirklich um Gold handelt. Sein chemischer Test mit *Königswasser* hat es bewiesen. Woher der Helikopter gekommen ist, weiß kein Mensch, vom Piloten fehlt jede Spur. Es herrscht helle Aufregung in der Siedlung.

Der selbsternannte Dorfälteste Gotthilf Domscheit - einen Bürgermeister gibt es hier nicht - geht alle Höfe persönlich ab und bestellt die Erwachsenen zu zwölf Uhr zu sich in die Schmiede. Nur auf dem Grundstück von Bauer Gohlke kann er niemanden erreichen, das Hoftor ist verschlossen, lediglich der Hund schlägt an.

Domscheit ist ein hochgeachteter Mann, 120 Kilo schwer und respekteinflößende eins neunzig groß. Er stammt aus Thüringen und soll früher Boxen als Leistungssport betrieben haben. Das Grundstück, auf dem seine Schmiedewerkstatt steht, hat er nach der Wende von der *TREUHAND* zurück erhalten. Es gehörte seinen Eltern, die es einst geerbt hatten, ohne die Schmiede je nutzen zu können. Die zwei an der Akademie der Wissenschaften tätigen Physiker waren nach einem Kongress in Österreich nicht in die *DDR* zurückgekehrt. Republikflucht nannten es damals die Behörden und zogen das Eigentum der Flüchtigen entschädigungslos zu Gunsten des Arbeiter- und Bauern-Staates ein.

Die Schmiede ist eine in den zwanziger Jahren erbaute, mit einfach verglasten Fenstern ausgestattete Backsteinhalle von

mittleren Ausmaßen. Zwei gegenüberliegende breite Tore ermöglichen die Durchfahrt selbst großer Landmaschinen. Die Deckenbalken sind rußgeschwärzt, der Fußboden besteht aus einer blankgewetzten Ziegelstein-Pflasterung. Mittendrin thront der gewaltige Amboss mit der Esse gleich daneben. An der Wand entlang zieht sich die Werkbank aus Holz, darauf diverse Schraubstöcke.
Domscheit hat sich geschäftlich spezialisiert auf die Restaurierung alter Landmaschinen, dafür gibt es eine lebhafte Nachfrage. Bei Bedarf beschlägt er auch Pferde. Der stattliche Mittvierziger lebt allein, empfängt aber hin und wieder Damenbesuch, der nie zu Fuß, selten im Auto aber häufig angeritten kommen. Im Dorf kursiert ein kesser Spruch über ihn:

Die Vierbeiner beschlägt er am Amboss, die Zweibeiner beschlägt er im Bett.

Sein kleines Wohnhaus mit Biberschwanzeindeckung steht etwas geduckt neben der Halle. Noch nie war einer der Dorfbewohner dort drin. Die Einheimischen empfängt er stets in der Werkstatt, gern lädt er seine Gäste zu thüringischen Schnäpsen ein. Im Dorf gilt der Schmied als großzügiger Geschäftsmann, nicht jede kleine Hilfeleistung lässt er sich bezahlen. Das rechnet man ihm hoch an.

*

In der Schmiede.
Punkt 12 Uhr hat sich Domscheit auf einer Kiste neben dem Amboss aufgebaut und blickt eng umringt in erwartungsvolle Gesichter. Im besten thüringischen Dialekt legt er los: „Hört zu ihr Leute! Bei dem gefundenen Metallklumpen handelt es sich

wahrscheinlich um Gold. Wenn DAS stimmt, wird der Fund im Dorf gerecht aufgeteilt. Mein Vorschlag! … wir treffen uns in einer Stunde vor Ort, ich war bereits dort und will mir den Brocken nochmal genau ansehen. Macht kein Aufsehen und bringt Werkzeug mit, also Eisensäge, Zange oder Blechschere … und so.
Aus jeder Familie ist höchstens einer von euch mit dabei. Wo der Vater nicht kommen kann, möge die Frau mit dem ältesten Sohn erscheinen."
Die Dörfler nicken eifrig, dieser Plan gefällt ihnen.

*

Auf der Waldlichtung.
Einer der Bauern ist mit seinem Traktor vorgefahren, Domscheit bat ihn darum und hieß ihn, auch Ketten und Seile mitzubringen. Mehr als zwanzig Menschen bevölkern die Lichtung, jeder trägt irgendein Werkzeug in der Hand. Im gehörigen Abstand zum Wrack haben sie sich aufgebaut und harren der Dinge, die gleich passieren sollen. Domscheit bespricht sich mit dem Traktorfahrer. Dieser befestigt eine lange Kette und ein paar Zugseile an dem ausgeglühten Hubschrauber und verbindet alles mit der Ackerschiene des Traktors. Behutsam fährt die Maschine an. Die Seile straffen sich und das Wrack wird Zentimeter für Zentimeter zur Seite gezogen bis der Metallbrocken freiliegt. Domscheit greift sich einen Hofbesen und fegt die gröbsten Explosionsreste zur Seite, jetzt wird Platz gebraucht.
Mit einem Handfeger feudelt er die feine Asche vom Metall herunter.
Vor ihm liegt kein symmetrischer Block, sondern eine unregelmäßige Masse, sie ist wie ein Plinsenteig zerflossen. Die

Ränder sind gewellt, die Oberfläche ist uneben. Hier und da sind zerlaufene Zahlen und Buchstaben erkennbar. Das Metallstück ist ungefähr dreißig mal vierzig Zentimeter groß. Seine Form erinnert an einen dicken Kaiserschmarren kurz vor dem Zerkleinern in der Pfanne.
Domscheit kniet nieder, klappt einen Zollstock auseinander und misst Länge, Breite und Höhe. Dann befühlt er den Brocken, versucht ihn hin und her zu ruckeln, legt sein Ohr an das Metall und zieht anschließend eine dicke Lupe aus der Tasche. Ein Auge zugekniffen beäugt er von ganz dicht die glänzende Oberfläche.
Zum Schluss träufelt er ein paar Tropfen des *Königswassers* darauf. Sein Gesicht entspannt sich noch während er kniet. Freudig streckt er beide Fäuste vor, der Daumen zeigt nach oben. Lautlos formen seine Lippen das Wort *GOLD*. Spontan rufen alle „Hurra!“ und klappern mit dem Werkzeug.

Gotthilf gibt ihnen das Zeichen zum Nähertreten. Jetzt dürfen sie den glänzenden Eierkuchen persönlich in Augenschein nehmen. Die „Aahs“ und „Oohs“ wollen nicht verstummen. Das freudige Gackern und Wispern geht hin und her. „Also ist das jetzt wirklich ein Goldklumpen?“, fragen die einen. „Ich glaube das nicht, noch nicht!“, zweifeln die anderen, aber sie sind in der Minderheit.

Mit einer ausholenden Armbewegung gebietet der Schmied Schweigen. Im Kopf hat er kurz überschlagen, welches Volumen der Brocken wohl haben mag. Denn jetzt kommt die schwierigste Aufgabe: *Der Goldklumpen soll gerecht auf alle*

Familien verteilt werden. Es wird aber kaum möglich sein, das unförmige Monstrum in annähernd gleiche Teile zu zerlegen.

„Hört zu Leute! Ich habe folgenden Vorschlag“, wendet er sich an die Dörfler und hält eine Säge und eine Blechschere hoch. „Hiermit zerteilen wir jetzt den Brocken in so viele Teile, wie wir Familien im Dorf sind.“

Zwischenruf von Peter Michalski: „Mit `ner Blechschere willst einen Goldklumpen zerschneiden? Das glaube, wer will. Ich jedenfalls nicht, bevor ich es selbst gesehen habe.“
Domscheit lächelt überlegen: „Einen Goldklumpen von dieser Größe hatte ich bisher auch noch nicht in der Mache. Aber glaub mir, das Zeug ist weich und lässt sich gut zerteilen. Er winkt zwei Männer heran und gemeinsam zerlegen sie das Beutestück. Der Vorgang dauert nicht lange.
Das Metall lässt sich perfekt tranchieren. Anschließend packen sie jedes Stück auf einen Zweig mit Eichenlaub und legen die glänzenden Brocken wie die Beute nach der Hasenjagd kreisförmig auf dem Waldboden aus.

Der Schmied stellt sich in die Mitte: „Jeder von euch darf jetzt kurz zugreifen. Spürt einfach mal, wie schwer so ein Stück Gold ist, und vor allem, wie es sich anfühlt.“
Die Dörfler tun wie geheißen, wiegen das Metallstück in der Hand, drehen es hin und her und drücken daran herum.

„So, so! … Und? … seid ihr jetzt auf den Geschmack gekommen?“ Zustimmendes Gelächter ringsherum und fragende Gesichter, was so ein Goldklumpen wohl wert sei.

„Ich erkläre euch jetzt, wie es weiter geht. Jeder legt seinen Brocken hier zu mir in die Kiste. Ich nehme alles mit in die Schmiede und werde das Gold im Schmiedefeuer flüssig machen. Dann gieße ich es in gleichgroße Formen, so dass anschließend jeder denselben Anteil bekommt. Bei diesem feierlichen Guss könnt ihr alle mit dabei sein. Seid ihr damit einverstanden?"

Das einsetzende Palaver dauert nur kurze Zeit. Alle nicken verständig und liefern brav ihren Klumpen ab. Am frühen Nachmittag ist die Lichtung wieder menschenleer.

*

Schmiede.
Domscheit und der Traktorfahrer schleppen die goldgefüllte Kiste in die Werkstatt und stellen sie neben dem Amboss ab.
„So, das wärs für heute. Danke fürs Tragen!", verabschiedet der Schmied seinen Helfer und verschließt hinter ihm das Tor. Gedankenverloren greift er nach einem Schürhaken und stochert in der kalten Asche des Schmiedefeuers herum. Während er vor sich hin sinniert und die letzten Stunden Revue passieren lässt, fällt sein Blick auf die Schrottreste neben dem Eingangstor. Dort bewahrt er Metallabfälle in verschiedenen Behältern auf, sorgsam getrennt nach Stahl, Gusseisen, Buntmetall und Aluminium. Die Kiste mit Buntmetall schaut er sich genauer an. Sie ist randvoll mit Resten von Eck- und Rundprofilen, Armaturen und zahlreichen alten Wasserhähnen, alles aus reinem Messing. Ein Stück davon nimmt er zur Hand und putzt mit einem Lappen daran herum. Mit den Resten einer Flasche *SIDOL* bringt er den Wasserhahn auf Hochglanz, golden schimmert er nun in seiner Hand.

Jetzt macht es Klick in Domscheits Kopf: *Ihm fällt das Rumpelstilzchen ein, das aus Stroh Gold machen konnte. Nichts einfacher als das. Was der kann, kann ich schon lange. Aber ich brauche kein Stroh, ich nehme Messing und schmelze es so um, dass es anschließend aussieht wie Gold.*
Das Dorfvolk hat ja keine Ahnung und kriegt den Trick bestimmt nicht mit. Naja ... und mit den echten Nuggets verschwinde ich auf Nimmerwiedersehen ins Ausland, dort verkaufe ich das Zeug für gutes Geld. Das reicht dann bis ans Lebensende.

Frohlockende Gier schimmert in seinen Augen: *Ha, ha! Diese* doofen *Dörfler werden sich noch wundern, nix mit Teilen oder so, das ist Quatsch. Ich ziehe hier mein eigenes Ding durch.*
Er greift sich einen Wasserhahn aus der Kiste, nimmt einen Hammer vom Brett und zerlegt die Armatur mit kräftigen Schlägen auf dem Amboss. Der Anblick der glänzenden Splitter jagt ihm einen wohligen Schauder über den Rücken.

Dann die nächste Überlegung, jetzt mal ganz praktisch: *Wie war das nochmal mit den Schmelztemperaturen von Metallen? Also! ... Messing wird flüssig bei etwa tausend Grad. Mein Schmiedefeuer schafft mit guter Anthrazitkohle zweihundert Grad mehr. Das dürfte reichen für den Guss. Notfalls heize ich mit dem Schweißbrenner nach. Nur für die Gussformen muss ich mir noch etwas überlegen. Am sichersten wären solche aus Schamotte oder gutem Terrakotta. So eine Art von Töpfchen wird's ja hoffentlich zu kaufen geben. Hol's der Teufel, das Ding wird mir gelingen.*

Schwer begeistert von seiner Idee klopft er sich auf die Schulter, greift nach der Sackkarre in der Ecke und bugsiert die Goldkiste zu sich ins Schlafzimmer. Solch wertvollen Schatz möchte er nicht mehr aus den Augen lassen. Zur Sicherheit lädt er sein Jagdgewehr mit Schrotpatronen und stellt die Büchse neben das Bett. Sorgsam verschließt er zum Schluss alle Türen und klappt die Fensterläden zu.

Aus dem Bücherschrank im Wohnzimmer kramt er von ganz unten einen dicken Wälzer. Er stammt aus der Zeit seiner Technikerausbildung: *DIE GRUNDLAGEN DER METALLURGIE.* Bis spät in den Abend vergräbt er sich in den Abschnitt *SCHMELZPROZESSE von LEGIERUNGEN im SCHMIEDEFEUER.* Das Gelesene macht ihn froh.

Weit nach Mitternacht geht er ins Bett und fällt in einen Tiefschlaf.

Die Sonne steht schon hoch am Himmel, als er aus diesem Traum erwacht:

Auf der Terrasse eines Bungalows liegt er in der Hängematte und schaut auf das Meer hinaus. Es ist zwar karibisch schwül, aber vom Meer erreicht eine kühle Abendbrise das Land. Auf einem Tischchen neben ihm haben zwei sonnengebräunte junge Frauen bunte Cocktails und frische geschälte Mangos serviert. Außer einem Lendenschurz und Pailletten bestickten Pantöffelchen tragen sie nichts weiter am Körper. Domscheit hatte sie geheißen, ihr Bikinioberteil abzulegen. Er liebt den Anblick und die Berührung schaukelnder Brüste. Aus der Musikanlage klingt der Sunshine Reggae von Bob Marley. Später erwartet er noch Gäste, alles Männer. Sie haben sich zum Pokern verabredet. Gegrillten Fisch wird es zum Essen geben mit

Süßkartoffeln und einem Salat dazu. Zur Nacht hin werden ihm die beiden Frauen im Bett Gesellschaft leisten. So handhabt er es mehrmals die Woche.

Domscheit macht die Augen weit auf, reckt sich wohlig und verinnerlicht mit einem Lächeln seinen Traum. Mit einem kräftigen Schwung springt er aus dem Bett, setzt Kaffeewasser auf und plant voller Freude den Tag.

***

Nachtgestalten

Wriezen. Rathaus.

Es geht auf Mitternacht zu, der Einsatzstab *HOCHWASSER* tagt immer noch. Umweltminister Platzeck leitet die Sitzung, neuerdings nennt ihn die Presse den *DEICHGRAF.* Mit am Tisch sitzen zwei Kommandeure der Bundeswehr von Heer und Luftwaffe, ebenso die örtlichen Leiter des Technischen Hilfswerks. Anwesend sind außerdem der Landrat von MOL, die Bürgermeister von Wriezen und Bad Freienwalde sowie die Referentin des Ministers. Sie notiert im Protokoll: *Die Lage an der Oder ist ernst, sehr ernst. Der Pegel stieg innerhalb weniger Stunden auf sechs Meter dreiunddreißig, die Ziltendorfer Niederung steht bereits unter Wasser, es drohen weitere Erdabrutsche am Damm. Große Sorgen bereiten die zahlreichen Sickerstellen im Deich.*

Um in Flussnähe auch in der Dunkelheit arbeiten zu können, hat das *Technische Hilfswerk* Flutlichtscheinwerfer an den besonders gefährdeten Stellen aufgebaut, für die notwendige Energie sorgen gewaltige Notstromaggregate. Der Landrat drängt darauf, mit den ersten Evakuierungen von Mensch und Tier sofort zu beginnen.

Zum Schluss berichtet Major Wilke von einem Fund seiner Feldjäger in der Nähe des Dorfes Ortwig. Auf einer Waldlichtung wurde ein ausgebrannter Mini-Hubschrauber mit Rot-Kreuz-Kennung entdeckt. Informationen über Tote oder Verletzte liegen nicht vor. Das Wrack wird man ohne viel Aufsehen bereits am nächsten Morgen abtransportieren. Platzeck mahnt, über die Angelegenheit Stillschweigen zu bewahren, die Bevölkerung soll nicht beunruhigt werden.

Raissa. Bauernhaus Familie Gohlke.
Ihre Zunge liegt wie ein rissiger Bimsstein im Mund, Raissa wacht mit Schluckbeschwerden auf und hat schrecklichen Durst. Es ist dunkel im Zimmer, nur das rote Lämpchen vom Fernseher leuchtet herüber. Stockfinster ist es, die Gardinen sind zugezogen.
Der Oderbruchmond hat sich hinter dicken Wolken verkrochen. Von draußen dringt kein Fetzen Licht herein.

Bei den Fußspitzen beginnend scannt sie ihren Körper, sie bewegt erst die Zehen, hebt dann das linke und danach das rechte Bein an, kippt das Becken auf und ab und tastet über Bauch und Hüften. Der rechte Arm fühlt sich kalt und leblos an. Er lag angewinkelt unter dem Kopf und ist blutleer und taub. Mühsam schlackert sie ihn hin und her bis es in den Adern wieder pulsiert. Nach bewährter Pilotenmanier spannt sie alle Muskeln kurz an, reckt und streckt sich und wird erst jetzt richtig wach. Vorsichtig setzt sie sich auf und bleibt eine Weile auf der Couch hocken. Nach dem komatösen Schlaf kommen die Gedanken allmählich zurück, das am Vortag Geschehene wird immer klarer: *Ich bin jetzt in Deutschland ... zwei Männer mit einem Traktor haben uns geholfen ... Bartosz ist verschwunden ... bei dieser deutschen Familie bin ich jetzt in Sicherheit ... der* Daniel ist mein Retter … ihm schulde ich Dank … er ist mein Held.

Langsam erhebt sie sich, schüttelt den letzten Schwindel aus dem Kopf und läuft, vorsichtig ein Bein vor das andere setzend, auf einen großen hellen Fleck an der Wand zu; es ist die Tür zur Küche. Sie tastet nach der Klinke und erwischt aber den Lichtschalter. Als die Deckenlampe aufflammt, kneift sie die Augen zu, blinzelt kurz und schaut sich im Wohnzimmer um. Doch viel Zeit zum Gucken ist nicht, ihre volle Blase signalisiert drängend, dass sie jetzt als Erstes eine Toilette braucht.

Im Bad auf der anderen Seite des Flurs trinkt sie in langen Zügen direkt vom Hahn das frische Wasser und wäscht sich den Schlaf aus dem Gesicht.

Ihre Frisur bringt sie ohne Kamm mit den Händen wieder in Form.

Der Blick in den Wandspiegel jagt ihr einen gehörigen Schrecken ein, denn die Haarfarbe hat sich verändert. Aus Brünett ist über Nacht Grau geworden, nicht ungewöhnlich nach einem traumatischen Erlebnis.

Ihr Vater, ein Geologe, hatte von einem solchen Fall berichtet: *Auf dem herbstlichen Baikalsee hatte in den Achtzigern der Sturm ein Erkundungsboot untergehen lassen. Mit an Bord war ein Vermessungsingenieur aus seiner ehemaligen Brigade. Er wurde zwar gerettet, musste jedoch nach einem Herzstillstand minutenlang reanimiert werden. Gesundheitliche Folgeschäden blieben zum Glück aus. Aber nach seiner Entlassung aus dem Krankenhaus waren seine Haare weiß.*

Rasch wendet sie sich ab und geht in die Küche, sie braucht jetzt einen ordentlichen Morgentee. Im Hängeschrank findet sie diverse Teebeutel, deren Aufschrift sie nicht versteht. Auf ihre Nase kann sie sich jedoch verlassen, sie folgt dem Duft der Pfefferminze. Auch eine Tasse und der unverzichtbare Zucker sind schnell ausfindig gemacht. Überhaupt kein Problem gibt es mit Herd und Gasanzünder, damit kennt sich Raissa aus. Als

sie wenig später am Tisch sitzt, den Abschiedsbrief von Bartosz vor sich, muss sie nicht lange überlegen, wie es jetzt mit ihr und dem Gold weitergehen könnte.
Sie beschließt, ihr Schicksal in die Hände dieser hilfsbereiten Deutschen zu legen. Deren Familienname hat sie vergessen, aber wie der gut aussehende Sohn heißt, hat sie sich sofort gemerkt. Spontan springt sie auf, klatscht übermütig in die Hände und schaltet das Radio auf dem Küchenschrank ein.
Im Rhythmus der Musik tanzt sie um den Tisch herum, munter schwingen Arme und Beine und die Brüste hin und her.

Daniel

Raissas Rumoren in Bad und Küche bleibt nicht unbemerkt im Haus. Selbst die Katze im Körbchen auf dem Treppenpodest stellt die Ohren auf in Richtung der Geräusche. Auch Daniel ist wach geworden. Er bewohnt das ehemalige Esszimmer im Erdgeschoss des Hauses. Die bäuerliche Einrichtung des Zimmers hat er verwandelt in eine echte Junggesellenbude. Der alte Kram, das Vertiko und der Ohrensessel, selbst der Ausziehtisch mit den holzgeschnitzten Lehnstühlen wanderten auf den Dachboden. Jetzt wird der Raum beherrscht von einer bequemen Lümmel-Couch, einem imposanten Fernseher und der glänzenden Musikanlage, deren Lautsprecher über das ganze Zimmer verteilt sind.
An der Wand hängt eine riesige Karte von Nordamerika, dem Land seiner Sehnsucht. Lieber heute als morgen wünscht er sich dort hin. Eine große Getreidefarm möchte er in Kanada oder im US-Staat Montana bewirtschaften. Von der Aussaat bis zur Ernte – so stellt er sich das vor – kommt die modernste

Technik zum Einsatz. Und ganz wichtig: Vor dem Haus steht ein dickbereifter Pick-Up von *GENERAL MOTORS*.

Auf dem Glastisch liegen dicke Wälzer über diese Länder, flankiert von einem Stapel der Zeitschrift *SPOTLIGHT,* einem Lern-Magazin für Englisch. Seine Illusion von Amerika komplettiert eine mannshohe Freiheitsstatue aus Wellpappe, sie steht gleich neben der Tür.

Auch bei der Kleidung macht der gut gebaute Blondschopf seinem Traum alle Ehre, sie muss einfach sein und strapazierfähig. Von früh bis spät schleppt er Jeans der Marke *LEVIS,* am liebsten noch im Bett.

Ein normales Oberhemd würde man in seinem Kleiderschrank vergeblich suchen, je nach Jahreszeit bedecken ihn lang- oder kurzärmelige T-Shirts, im Winter zieht er sich eine karierte Webpelzjacke drüber.

Etwas anderes als klassischer Ami-Look kommt nicht an seinen Körper, so scherzt er gern im Freundeskreis. Daniel ist ein Fan alles Amerikanischen. Nur am rauchig schmeckenden Bourbon Whiskey aus Kentucky findet er keinen Gefallen. Wenn es um Alkohol geht, bleibt er am liebsten beim Bier mit einem Pfefferminzlikör dazu. Seit seiner Jugendweihe hat sich daran nichts geändert.

Er kommt gut klar mit seinem Leben als Oderbruchbauer. Was ihn und seine Eltern aber bewegt, ist der fehlende Umgang mit Frauen seines Alters.

Ihnen geht er am liebsten aus dem Wege. Sie haben in seinem Erwachsenenleben bisher kaum eine Rolle gespielt. So groß und kräftig wie er daher kommt, so schüchtern ist er auch. Der Grund ist dieses vermaledeite Stottern, es quält ihn seit Anfang der siebziger Jahre. Grobe Hänseleien seiner Schulkameraden waren die Ursache.

*

Barfuß und nur mit einer Sporthose bekleidet verlässt er sein Zimmer in Richtung Bad. Durch die angelehnte Küchentür fällt ein schmaler Lichtstreifen auf den Flur. Musik ist zu hören und dazu rhythmisches Trappeln. Als er die Tür zur Küche langsam öffnet, verklingen im Radio die letzten Takte. Werbung setzt ein. Das ist für Raissa das Signal, ihre Tanzeinlage zu beenden. Gedanken versunken setzt sie sich wieder an den Tisch und nippt vom Tee.
Als sie aufblickt, schaut sie in Daniels lächelndes Gesicht. Groß und breit steht er in der Tür und amüsiert sich über das morgendliche Leben in der Küche: Vor dem Kühlschrank tanzt Raissa … die Schranktüren stehen alle offen … Tee dampft in der väterlichen Tasse … daneben steht ein Tetrapack mit Milch … auf dem Tisch ist Zucker verstreut … Kaffeebox und Löffel liegen auf dem Sideboard … auf dem Herd summt der Wasserkessel … und aus dem Radio schmettert Matthias Reim sein *VERDAMMT ICH LIEB DICH.*
Die Russin hat sich, wie man sieht, schon ein bisschen eingelebt.

Daniel wartet kurz ab und setzt sich dann zu ihr: „Dobroye utro Raissa!“

Ein wenig verlegen rührt sie im Tee und schiebt die Tasse zu ihm hinüber: „Hallo Daniel, do you like tea?“

Dankbar langt er nach der Tasse, will einen kräftigen Hieb nehmen und merkt grad noch rechtzeitig, dass das Zeug brühend heiß ist. Mit spitzen Lippen pustet er darauf herum, schlürft ein paar Tropfen und nimmt dann vorsichtig den ersten Schluck. Raissa gefällt das, sie strahlt ihn an.
Einer plötzlichen Eingebung folgend steht sie unvermittelt auf, läuft um den Tisch herum, legt die Arme um seine Schultern und schmiegt sich an ihn. Völlig verdattert sitzt er an seinem Platz, unfähig sich zu rühren. Mit diesem Sympathiebeweis hat er nicht gerechnet, umso bereitwilliger nimmt er ihn entgegen. Von seiner Mutter mal abgesehen, ist er schon ewig nicht mehr so liebevoll umarmt worden.
Ihren Mund an Daniels Ohr und die Hände an seinen kräftigen Oberarmen sitzt sie eng an ihn geschmiegt auf seinen Knien und wiederholt immer nur einen Satz: „Du bist mein Held, du bist mein Retter!“

Der hingebungsvolle Überfall ist ihr perfekt gelungen. Er ist völlig perplex und mag das Ganze noch nicht fassen.
Sein Gesicht ist rot vor Freude über so viel Zuwendung und Zärtlichkeit. Auf dem Stuhl hält ihn nun nichts mehr. Er schiebt Raissa behutsam von seinem Schoß, steht auf und sucht kurz nach einem Halt.
Zärtlich streicht er ihr über den Rücken, zieht den warmen Frauenkörper an sich und vergräbt die Nase in ihrem Haar. Eine kleine Ewigkeit verharren sie in dieser Haltung und genießen den sinnlichen Augenblick.

So unvermittelt wie sie aufsprang, löst sie sich und nimmt wieder Platz. Ihre spontane Aktion kommt ihr auf einmal kindisch und peinlich vor. Sie muss sich kurz sammeln, holt tief Luft und beginnt mit Bedacht, von ihrer Odyssee zu berichten. Raissa erzählt ausführlich von Moskau und ihrem Pilotenjob, beschreibt die Flucht vor der russischen Polizei, schildert die Schiffstour über die Ostsee und erwähnt den Stettiner Hafenmeister Bartosz. Zu seinem Abschiedsbrief merkt sie nichts weiter an und schiebt ihn zu Daniel über den Tisch: „Hier lies einfach mal selbst."

Noch bevor er sich darin vertiefen kann, kommt sie auf das Gold aus Sibirien und den in Mieszkowice ausharrenden Bruder Sergej zu sprechen.

Nichts verschweigt sie, alles wird ausgepackt. Denn jegliche Hoffnungen setzt sie von nun an auf Daniel Gohlke.

Er hat sehr genau zugehört und unterbricht sie nur dann, wenn er irgendetwas nicht verstanden hat. In seinem Kopf schwirrt es. Gedanklich bringt er das Gehörte sooo zusammen: *Im Hubschrauberwrack liegen 50 Kilo Gold. Es ist mehr oder weniger herrenlos. Um es zu bergen, braucht Raissa Hilfe. Ohne mich kann sie überhaupt nichts bewirken. Weitere Goldbarren und Bruder Sergej warten in Polen auf den Transport hierher. Auch das schafft sie nicht allein. Die Lage ist perfekt. Auf mich läuft jetzt alles zu!*

Daniel atmet durch. Schon am frühen Morgen solch eine Geschichte anhören zu müssen…! Mann oh Mann, da ist Pfeffer drin! Sein verständiger Schnaufer endet mit der kurzen Frage: „Du besitzt also neunundneunzig Kilo Gold?"

„Yes“, bestätigt sie kurz und ergänzt. „Gemeinsam mit meinem Bruder.“

„Und dieses Gold soll verkauft werden?“
„Yes!“

„Und dabei soll ich dir … soll ich euch helfen?“

Lebhaftes Kopfnicken.

Daniel lehnt sich auf dem Stuhl zurück. Behaglich reckt er die Arme zur Decke, schließt die Augen und denkt an seinen Traum von Amerika: *Welchen Wert wird das gesamte Gold wohl haben, eine Million, oder gar zwei? Ich weiß es nicht, habe keine Ahnung. Aber ich werde es für Raissa und für mich herausfinden! Vielleicht ist sie die Frau meines Lebens ...*
Er besinnt sich kurz und schaut ihr in die Augen. Als sie seinen Blick erwidert, ist es um ihn geschehen. Langsam geht er um den Tisch herum und hockt sich neben sie. Lächelnd greift sie nach seiner Hand. Er zieht ihren Kopf an sich und schmust ihre Wangen. Sie streicht mit dem Zeigefinger über seine Lippen. Als er zubeißen will, zieht sie ihn lachend zurück.
Von einer Minute auf die andere ist Stille eingekehrt, nur das Radio spielt leise. Dann richtet er sich auf und legt die Hände sanft auf ihre Schultern. Durch den dünnen Stoff ihres Shirts kann er die glatte Haut spüren. Als seine Finger den Hals am Haaransatz berühren, schnurrt sie wie ein Kätzchen. Seine Hand in ihren Ausschnitt rutschen zu lassen, verkneift er sich lieber. Beide genießen sie das knisternde Verlangen.

In einer anderen Umgebung, fernab von dieser Küche, würden jetzt wohl sämtliche Dämme höflicher Zurückhaltung brechen. Im grellen Licht der Neonlampe, inmitten von Küchenkram und Kräutertee ist für erotische Leidenschaft jedoch kein rechter Platz. Aber dieser Morgen hält einen Vorgeschmack bereit. Was noch kommen wird, weiß keiner. Was bleibt, sind zwei spontan Verliebte. Noch vor wenigen Tagen wussten sie nichts voneinander. Das Glück im Unglück hat sie vereint.
Als Daniel draußen auf dem Flur seinen Vater kommen hört, löst er sich rasch: „Bitte kein Wort vom Gold zu meinen Eltern."

Sergej
Mieszkowice. Flugplatz.

Der Russe findet auch in der zweiten Nacht kaum Schlaf. Raissas Abflug ist nun schon mehr als achtundvierzig Stunden her, es gibt keine Nachricht von ihr. Etwas Schlimmes muss passiert sein.
Vermutlich wurde die Schwester sofort nach der Landung verhaftet; wegen Verletzung des deutschen Luftraums, illegalem Grenzübertritt oder so, … und der Bartosz wurde bestimmt gleich mit einkassiert.

Sergej liegt in der alten Werkstatt auf dem Doppelstockbett und zieht die Stirn in Falten. Die Ungewissheit über Raissas Verbleib sorgt den Bruder. Tatenlos und sich selbst überlassen sitzt er im fremden Land herum, wo er niemanden kennt, und dessen Sprache er nicht spricht.
Alles, was er hat, ist eine Tasche voll Gold unterm Bett, ein paar Lebensmittel auf dem Tisch und in Griffweite sein kleines

Waffenarsenal. Doch weder Gold noch Waffen helfen ihm jetzt weiter. Wenn er nur wüsste, wie und wo er ihren Helfer Vadim erreichen kann. Der flinke Belorusse kennt hier schließlich Land und Leute.
In diesem Moment erinnert sich Sergej, dass Vadim ihm sein altes Motorrad im Tausch gegen den *MAZDA* dagelassen hat. Es steht hinterm Haus. Gleich morgen früh wird er die Maschine klarmachen und nach Mieszkowice in die Stadt reinfahren. Dort ergibt sich gewiss irgendetwas Neues, vielleicht trifft er sogar den alten Kameraden.

Mit dieser Gewissheit kommt Sergej schließlich zur Ruhe und schläft ein. Die Petroleumlampe auf dem Tisch vergisst er aus Versehen zu löschen. Ihr heller Schein wird noch unerwarteten Besuch anlocken. Im Moment ist vor dem Gebäude aber alles ruhig. Nur der Mond wirft sein bläuliches Licht durch die vergitterten Fenster.

Dorota
Flugplatz.
Die abenteuerlustige Polin recherchiert emsig und gibt auf der Suche nach ihrem russischen Schwarm keine Ruhe. Ihr Denken wird auch in dieser Nacht beherrscht von der Sehnsucht nach Sergej. Ihn hat sie als Beistand auserkoren, er soll sie aus dem öden Leben an der Rezeption heraus holen. Dafür sind ihr alle Mittel recht.
Um in diesen aufregenden Tagen genügend Handlungsfreiheit zu haben, lässt sie sich vom Arzt einfach krankschreiben.
Da sie Sergej immer noch auf dem Flugplatz vermutet, hat auch sie ihr Quartier hier aufgeschlagen. Als Unterkunft dient

ein einfaches Zelt, es steht gut getarnt hinter einem Buschsaum. Schlaf braucht sie wenig oder gar nicht, sie hält sich mit Fliegerschokolade und Cola wach. Und wenn ihr doch mal die Augen zufallen, geschieht das nur für ein paar Viertelstündchen.

Nach der ersten Nacht auf dem Gelände ist sie sich bei zwei Fragen ganz sicher.

Erstens: Sergej hält sich hier auf dem Flugplatz noch auf, denn verschiedene Spuren weisen darauf hin. Zweitens: Auch der Hubschrauber ist bisher nicht zurückgekehrt, ihn hätte sie ganz sicher gehört.

Dorota ist vernarrt in die Illusion, den russischen Traummann an ihre Seite zu bekommen. Mit ihm will sie in die weite Welt hinaus. Wenn die in Kolberg lebende Mutter von diesen Phantasien wüsste, würde sie nur unwillig den Kopf schütteln und sich daran erinnern, dass die Tochter schon immer einen Hang zu verquasten Liebesromanzen hatte.

Polizei
Geheimer Stützpunkt nahe Mieszkowice.

Weder Dorota noch Sergej ahnen, dass sich der Ring der Verfolger immer mehr zusammenzieht. Die Russen haben die Spur wieder aufgenommen und sind gewiss, Räuber und Raubgut demnächst dingfest zu machen. Es gibt jedoch ein Missgeschick. Der für den heutigen Morgen befohlene Zugriff konnte nicht stattfinden. Die Russen liegen stockbetrunken in ihren Betten. Ihr Anführer hatte am Abend zuvor die Nachricht von zu Hause erhalten, dass seine Frau nach zwei Töchtern nun endlich den ersehnten Sohn geboren hat. Dieses Ereignis musste nach russischer Tradition sofort und umso gebührender gefeiert werden, ein Aufschub hätte nach altem Aberglauben Unglück über das Neugeborene gebracht. Ihre polnischen Partner waren nicht unzufrieden, als sie von den Russen die Nachricht erhielt, dass die Aktion verschoben werden muss.

Bartosz

Amsterdam. Hotel Prinsengracht.

Die Fahrt mit dem Wohnmobil von Neuhardenberg nach Holland verlief ohne Zwischenfälle. Am frühen Abend checkt Bartosz im Amsterdamer Hotel *PRINSENGRACHT* ein. Bereits eine Stunde später klopft Adriaan van de Kerkhoff an die Tür, in der Tasche eine Flasche Whisky, ein paar Dosen Bier sowie eine Tüte mit Sandwiches. Überschwänglich feiern die Kumpels ihr unverhofftes Wiedersehen und verabreden sich für den nächsten Vormittag in der Lobby des Hotels.

Als der Holländer fort ist, lässt sich Bartosz von der Rezeption eine Nagelschere aufs Zimmer bringen. Damit trennt er die Seitennaht seiner Drillichhose an der Stelle auf, wo Zimmerleute gern den Zollstock verstauen. Hier grabbelt er aus der Tiefe des dicken Stoffsaums einen Goldbarren von acht x vier x zwei Zentimeter Größe hervor und wiegt ihn strahlend vor Glück in der Hand.

Der kluge Mann baut vor! Das hatte sein Vater ihm stets gepredigt, und Bartosz hat diesen Spruch seit er erwachsen ist zutiefst verinnerlicht. Als er nach ihrer Ankunft auf dem Flugplatz zufällig ein Stündchen allein war - seine russischen Partner erkundeten grad die Gegend - konnte er der Versuchung nicht widerstehen, einen der Goldbarren zu stibitzen.

Dies geschah weniger aus Raffgier, wie er sein schlechtes Gewissen beruhigte, sondern war allein dem Misstrauen eines Polen geschuldet, der allem Russischen immer noch mit Skepsis begegnet.

Versonnen fingert Bartosz den Barren zwischen den Händen hin und her,
er genießt die Haptik des weichen Metalls. Es soll das Startkapital bilden für eine gesicherte Zukunft in Westeuropa.
Dass sein Traum vom Reichtum demnächst schon wieder beendet sein würde, kann der Pole in diesem Augenblick nicht einmal ahnen.

***

Rumpelstilzchen

Kreisstadt Seelow.

Gottfried Domscheit verfolgt einen Plan: *Heute Abend macht er einen auf Rumpelstilzchen. Nicht im Theater spielt das Stück, sondern in der Schmiede. Grimms Märchen lassen grüßen. Nicht aus Stroh, wird das Gold gemacht, sondern aus Messing. Das fällt hoffentlich keinem auf. Nicht für den König ist das edle Metall bestimmt, sondern für die Bauern im Dorf.* Doch bevor das Schmiedefeuer lodert, muss er auf Einkaufstour gehen. Die erste Station ist der Seelower Gartenmarkt. Hier wimmelt es von Kunden, und wie es aussieht, hat jeder Dritte von ihnen Beratungsbedarf. Am Infostand für Pflanzgefäße nimmt sich jemand seiner an.

„Was suchen Sie denn?“ will die Frau hinterm Tresen wissen. „Ich brauche viereckige Blumenschalen aus hitzebeständigem Terrakotta, so etwa fünfzig Stück.“ „Terrakotta ist teuer, die Schalen aus Kunststoff kriegen Sie deutlich günstiger.“ „Nein kein Plastik, … und der Preis spielt sowieso keine Rolle. Die Dinger müssen hitzefest sein.“ „Was haben Sie denn damit vor?“ „Können Sie schweigen?“ „Wie ein Grab.“ „Na ich auch“, lächelt Domscheit süffisant und lässt sich den Weg zu den Blumenschalen zeigen. Dort kramt er im Regal nach geeigneten Gefäßen, viereckig sollen sie sein und stabil. Schnell wird er fündig und nimmt mit dem Zollstock die Maße, im Kopf überschlägt er die Kubatur. Jede Pflanzschale muss tausend Gramm flüssiges Messing aufnehmen können. Mit dem Zeigefinger klopft er jede einzelne auf etwaige Risse ab. Zufrieden mit dem Ergebnis landet alles im Einkaufswagen. Ab zur Kasse. Bezahlen. Ins Auto rein und fertig.

*

Golzow.
Als nächster wird Peter Brandner besucht, er ist ein langjähriger Geschäftsfreund und Inhaber einer Schrottverwertung. Unlängst erzählte er beim Bier von einem fahrbaren Metall-Schredder, der seit Jahren ungenutzt auf seinem Hof herumsteht. Die Russen von der Garnison Kietz hatten ihm die Maschine kurz vor ihrem Abzug in die Heimat für einen *schmalen Taler* vermacht. Wie sich erst später herausstellte, war das Ding kaputt, der Motor durchgebrannt. Brandner ließ die Maschine reparieren, nun läuft sie wieder wie geschmiert und wartet auf Futter. An den Schredder erinnert sich Domscheit, als er darüber grübelt, wie er seinen Messingschrott am praktischsten zerkleinern kann. Brandner erklärt ihm kurz die Funktion und wenig später braust Gotthilf mit dem Schredder im Schlepp vom Hof.

Lebus/Gusow.
Zuletzt fährt Domscheit beim Baustoffhändler seines Vertrauens vor. Dort versorgt er sich mit Bohlen, Brettern, Platten und langen Schrauben. In der Kiesgrube Gusow lässt er sich einen Kubikmeter feinen Sand auf seinen Pickup laden und bezahlt gleich bar. Nun hat er alles Nötige beisammen und kann die Aktion *Goldbarren* an den Start schieben.

Ortwig. Schmiede.
Nachdem alle Türen und Tore fest verschlossen sind, stellt er am frühen Abend die Gießpfanne das erste Mal ins Schmiedefeuer. Für die nötige Hitze sorgen beste Anthrazitkohle und das auf Hochtouren arbeitende Gebläse. Es dauert nicht lange bis die zerkleinerten Messingstücke anfangen zu schmelzen. Die

aufsteigenden Dämpfe sammeln sich im Gebälk der Halle und ziehen rasch durch die offen stehenden Dachluken ins Freie. Goldgelb schimmert die blubbernde Metallsuppe. Zunächst wird ein Probeguss hergestellt. Zum Schutz vor glühenden Metallspritzern hat sich Domscheit dicke Lederkleidung angezogen. Ein Helm mit Halsschurz und feuerfestem Visier vervollständigt die Kluft. Über Mund und Nase hat er sich ein nasses Handtuch gebunden. Gleich neben der Esse steht auf dem Werkstattboden ein aus Brettern zusammengezimmerter rechteckiger Kasten, randvoll gefüllt mit Sand. Dort hineingebettet wurden sämtliche Blumenschalen aus dem Gartenmarkt. Sie werden dem flüssigen Messing die neue Form gegeben, einem Goldbarren nicht unähnlich. Deutlich größer, aber genauso schwer.
Bereits der dritte Probeguss verläuft zufriedenstellend. Domscheit hat sich gut eingearbeitet. Wie am Fließband schüttet er eine abgewogene Menge Messingstücke in die Gießpfanne, stellt sie ins Feuer und beobachtet, wie sich das Metall verflüssigt. Mit einem langen Stahllöffel rührt er die Suppe um, sorgsam darauf bedacht keine Spritzer abzubekommen. Eine Form nach der anderen füllt er in gekonnter Manier und freut sich über den schnellen Fortgang der Arbeit. Er fühlt sich wie der Sagen umwobene Schmied Wieland aus der germanischen Mythologie, stolz reckt er seine Brust. In jeder Pause belohnt er sich mit einer Flasche Bier. Kurz nach Mitternacht ist die Arbeit getan, er legt sich ausgelaugt aber hoch zufrieden ins Bett.
Die Restarbeiten nimmt er am nächsten Morgen vor: Mit Schlagstempel und Hammer wird in jeden Barren eine imaginäre Zahlenreihe eingeschlagen, auch dies dient der Verschleierung des Betrugs. Eine Politurpaste sorgt anschließen für den

schimmernden Glanz. Doch das ist nicht alles, jetzt kommt noch das Zeremonielle: In Reih und Glied werden die Barren in ihrem Terrakottaförmchen auf der Werkbank aufgestellt. Wie die Zinnsoldaten stehen sie dort und warten auf ihre neuen Besitzer.

Es kommt jedoch anders, … ganz anders. Die feierliche Übergabe der Barren an die Dörfler muss wegen der Evakuierung des Ortes ausfallen. Der Landrat hat die Aktion wegen des befürchteten Dammbruchs angeordnet. Die Menschen sollen das Dorf sofort verlassen. In großer Eile fährt Domscheit von Gehöft zu Gehöft und kann, grad noch so, jeder Familie ihr Messingförmchen übergeben. Als er in die Schmiede zurück rast, zieht eine dunkelgrollende Gewitterfront auf. Die blitzenden Vorboten stehen schon über dem Deich.

***

Polski FIAT

Bauernhof Gohlke.

Beim Frühstück einigt man sich schnell darauf, dass Daniel, Raissa und der alte Gohlke anschließend zum Unglücksort fahren, derweil sich die Mama um Haushalt und Vieh kümmern wird. Mit dem Traktor sind es nicht einmal zehn Minuten bis zur Absturzstelle. Sie stellen das Fahrzeug genau dort ab, wo vor zwei Tagen die Rettungsaktion begann. Die Russin muss sich kurz orientieren und winkt den Männern schließlich, ihr zu folgen. Nach kurzem Fußmarsch bleiben sie am Rand einer Lichtung stehen. Sie ist umsäumt von Buschwerk und Bäumen und hat die Größe eines Fußballfeldes. Da, wo nach Raissas Erinnerung das Wrack eigentlich liegen müsste, herrscht gähnende Leere. Ein Irrtum kann rasch ausgeschlossen werden, sie sind an der richtigen Stelle. Genau vor ihnen befindet sich der Aufschlagsort. Gut zu erkennen an der großflächig verbrannten Grasnarbe und dem mit Asche und winzigen Trümmerteilen übersäten Boden. Ebenfalls noch ganz frisch sind die tiefen Radspuren des Räumkommandos. Sie durchziehen fast die gesamte Lichtung und machen deutlich, was geschah. Der Hubschrauber wurde abtransportiert. Doch wo ist das Gold? Pulverisiert durch die Explosion? Im Flammeninferno verkocht? Hat es die Aufräumtruppe mitgehen lassen? Viele Fragen, doch keine Antworten.

Raissa und Daniel tauschen sich auf Englisch zu ihren Mutmaßungen aus. Gohlke Senior steht mit fragenden Blicken daneben, vom Gold darf er nichts erfahren. Daniel schaut ihn an: „Weißt du was, Vadder? Nimm dir doch jetzt den Traktor und fahre heim. Wir schauen uns hier nochmal um und kommen dann zu Fuß hinterher.“ Der Vater schnalzt mit der Zunge, ihm ist nicht entgangen, dass sein Sohn ein Auge auf die schöne

Russin geworfen hat: „Na dann lass ich euch Turteltäubchen mal allein. Wir sehen uns auf dem Hof." Kaum ist der Alte losgetuckert, checken sie nochmals die Brandstelle und halten vor allem Ausschau nach goldfarbigen Überresten. Frustriert vom Ergebnis der nutzlosen Suche setzen sie sich ins Gras und diskutieren die Situation. Raissa muss nicht lange überlegen. Für sie gibt es nur eine Maßgabe, sie sagt es geradeheraus: „Hier ist wohl nichts mehr zu holen, alles weg. Los mein Lieber! Auf schnellstem Wege rüber nach Polen. Den Bruder und das Gold einsacken und zurück nach Deutschland."

Daniel ist verblüfft über ihr Kalkül. Ganz die Pilotin, gibt sie gern Anweisungen. Über das - *WIE und WO über die Grenze?* – macht sie sich allerdings wenig Gedanken. Das sieht sie wohl als seine Aufgabe an, schließlich ist ER hier zu Hause. Ein wenig ärgerlich schaut er auf: „Wir sind hier nicht bei deiner Sowjetarmee, wo einer die Befehle gibt, und der andere sie ausführt. Hier an der Grenze gelten eigene Regeln. Ich als Deutscher kann mich jederzeit ins Auto setzen, zeige den Grenzern meinen Ausweis, und schwupp bin ich in Polen. Das Problem bist duuu Raissa." „Waaas ich? Wie kommst du darauf?", zischt sie. „Du bist Ausländerin und besitzt nur einen russischen Pass. Mangels Visum darfst du dich weder in Polen noch bei uns aufhalten. Nach dem Gesetz bist du einfach eine illegale Person. Wenn sie dich erwischen, schiebt man dich sofort nach Russland ab." Raissa reckt selbstbewusst den Kopf: „Ich lasse mich aber nicht erwischen!" „Deinen Stolz lass mal beiseite. Ich habe einen besseren Plan. Dafür muss ich aber erst mit meinem Kumpel Andy telefonieren." Eine Stunde später weiß er, dass er sich noch am selben Tag ein ganz spezielles Auto ausleihen kann …

*

Gehöft außerhalb von Ortwig.

… die besten Jahre liegen bereits hinter diesem Pkw. Nagender Rost und häufige Kurzschlüsse im Bordnetz machten es den früheren Besitzern nicht leicht, den POLSKI FIAT 125 p zu mögen. Das ist zum Glück schon lange her. Seit der Generalinstandsetzung verrichtet das italienische Auto aus polnischer Produktion zuverlässig seinen Dienst. Andy, der jetzige Eigentümer und im Hauptberuf Karosserieschlosser, hat die Karre zu einer schicken Schmuggel-Kutsche umfrisiert. Für solch ein Fahrzeug gibt es hier regen Bedarf, denn dies- und jenseits der Grenze wird eifrig gedealt. Für solche Touren setzt Andy sich aber niemals selbst ans Steuer, sondern verleiht das Auto einfach nur. Nicht für umsonst, aber auch nicht zu Mondpreisen. Schließlich soll das Geschäft allen Beteiligten Spaß machen. Hier an der Grenze ist es gang und gäbe, sein Einkommen mit Schmuggel aufzubessern. Das tun nicht alle, macht aber so mancher. Der Handel boomt mit Waren vielerlei Art, besonders mit Zigaretten, Schnaps, Kraftstoff, Drogen, Nazi-Militaria und sogar mit Elfenbein. Doch damit nicht genug! Auch Menschen werden geschleust, zumeist nach Deutschland, und häufig sind es Asiaten. Der Zoll steht hilflos vor diesem Problem, denn mehr als Stichproben sind bei den extremen Grenzstaus kaum möglich. Für die Passage pfercht man die Illegalen in eigens präparierte Fahrzeuge. Auf deutschem Boden werden sie in den Wäldern im Berliner Umland halbtot aus ihrem Verlies geholt und nach Little-Hanoi in Lichtenberg gebracht.

*

Daniel steht neben Andy in dessen Garage und lässt sich die Umbauten im und am FIAT erklären: Da gibt es zunächst die Rücksitzbank. Sie wurde entkernt und extrem flach gestaltet, so dass sich eine Person darunter verstecken kann. Das Armaturenbrett ist abnehmbar, in den Hohlraum passen Zigarettenstangen. Die Innenverkleidungen der Türen sind ebenfalls leicht zu lösen und dienen demselben Zweck. Im doppelwandigen Benzintank ist Platz für Drogen aller Art. Stoßdämpfer und Federn wurden verstärkt, sie verhindern das Absinken der Karosserie, wenn Menschen geschleust werden. Stauraum bietet auch das zum Container umfunktionierte Ersatzrad. Motorhaube, Kofferklappe und Dach wurden zwecks Ablenkung vom Hauptzweck der Limousine auffällig lackiert; vorn eine Frau in Striptease-Pose, oben Stars and Stripes und hinten eine Fantasy-Spinne.

*

Ortwig Ortslage.

Als Daniel wieder auf den elterlichen Bauernhof einbiegt und den Wagen in der Scheune parkt, wird er von Raissa bereits erwartet. Nur sehr vage hatte er ihr kurz erklärt, weshalb er in den Nachbarort fahren muss. Jetzt ist Gelegenheit, ihr seinen Plan gründlich zu erläutern: „Raissa hör mir bitte ganz genau zu! Wir zwei fahren jetzt mit diesem Auto nach Polen rüber und holen Sergej und das Gold hierher. Weil du keine Papiere hast, müssen wir dich im Auto verstecken. Ein paar Kilometer vor der Grenze werden wir Halt machen. Dort wanderst du vom Beifahrersitz unter die Rückbank. Pass auf, ich zeige dir, wie das geht!“ Daniel geht um den Wagen herum und öffnet die Klappe des Kofferraums. Flink kriecht er so tief hinein bis auch die Beine verschwunden sind. Im Innern zieht er an zwei Hebeln, sie arretieren Rückbank und Lehne. Dann drückt er die Sitzfläche nach oben, steckt den Kopf durch die entstandene Öffnung und krabbelt ins Wageninnere. Raissa sieht es mit Erstaunen.

Als er wieder neben ihr steht, bekommt sie einen zarten Stups in die Seite: „So, und jetzt du! Leg dich mal dort rein."

Sie schaut ihn ungläubig an und schüttelt den Kopf: „Da soll ich hineinpassen? Wie stellst du dir das vor?" „Na ganz einfach. Auf die Seite legen, die Knie anziehen und die Füße in Richtung Kofferraum strecken. Genau dorthin, wo der Radkasten eine Delle nach außen hat." Unter Tränen: „Und wenn ich das nicht will?" „Dann werden wir diese Scheune hier nicht verlassen, und ich bringe das Auto wieder zurück. Dein Bruder und das Gold bleiben für immer in Polen. Möchtest du das?"

Sie zuckt unwillig die Schultern, wischt sich die Augen trocken und klettert hinein: „Fertig!" Vorsichtig drückt Daniel die Sitzfläche nach unten bis die Riegel hörbar einrasten: „Kannst du atmen, hast du Platz?" Ein dumpfes *Chorosho* ist die Antwort, es rumpelt vernehmlich, und wenig später entsteigt sie wohlbehalten dem Versteck. Eine letzte Frage will sie noch geklärt haben: „Wie hast du dir den Rücktransport vorgestellt? Wir zwei, Sergej und das Gold, alles auf einmal rein ins Auto und zurück nach Deutschland?"

Kopfschütteln. „Step by Step!", lautet die kurze Antwort. „Ich mache zwei Fahrten. Tour Nummer eins mit dir und der ersten Goldhälfte. Tour zwei mit Sergej und dem Rest. Einverstanden?"

Raissa strahlt und fällt ihm stürmisch um den Hals. Als sie eng an ihn geschmiegt mit den Lippen seinen Mund sucht, gibt es auch für ihn kein Halten mehr. Er umfasst sie, hebt sie hoch und trägt sie zur Seite. Lustvoll nach Luft japsend wälzen sie sich auf der Strohschütte hinter der Gerätewand. Hemden und Hosen fliegen zur Seite, nichts kann die beiden jetzt aufhalten. Die piekenden Halme und den dumpfen Geruch des Getreidestaubs registrieren sie erst wieder, als sie schweratmend nebeneinander liegen.

Polen. Wojewodschaft Pomorze Zachodnie.

Einige Zeit später ist der FIAT bereits flott unterwegs, auch an der Grenze lief es wie geschmiert. Als am Straßenrand ein Schild auftaucht, *Mieszkowice 30 km, biegt* Daniel in einen Waldweg ein und hält an. Er stellt das Radio leiser und klopft auf die Rückbank: „Du kannst jetzt rauskommen." Schweißüberströmt klettert sie nach vorn und nimmt einen großen Schluck aus der Wasserflasche. Daniel tupft ihr das Gesicht trocken und küsst sie zärtlich auf den Mund: „Bravo, das hast du wunderbar hingekriegt." Wenig später auf der Hauptstraße übernimmt die Pilotin wieder das Kommando: „Der Abzweig zum Flugplatz liegt jenseits der Stadt. Folge einfach der Chaussee. Eine Ausschilderung gibt es nicht. Ich sage dir, wo du abbiegen musst."

***

Holländische Gulden

Amsterdam Hotel Prinsengracht.

Erst beim dritten Klingeln nimmt Bartosz den Hörer ab, die Rezeption ist dran: „Guten Tag mijnheer Kwisnewski. Es tut mir sehr leid, Sie zu stören. Übermorgen werden Sie die siebente Nacht bei uns zu Gast sein. Zu unserem Bedauern haben Sie keine Kreditkarte, deshalb würden wir gern eine Zwischenabrechnung vornehmen. Ist das okay für Sie?“ Der Pole schluckt und denkt an gestern Abend. In der Fischbraterei hatte er seine allerletzten holländischen Gulden zusammengesucht. Das wenige Bargeld reichte grad noch so für die Rechnung, auf ein Trinkgeld musste die freundliche Kellnerin leider verzichten. „Ja, klar. Wenn Sie es wünschen, machen wir das so.“

Ihm steht der Schweiß auf der Stirn. Er ärgert sich, dass er Kumpel Adriaan von seinem Goldbarren erzählt hat. *Wenn der Holländer davon nichts wüsste, würde er ihm bestimmt mit einem zweiten Kredit ausgeholfen haben. Manchmal ist es eben doch schlauer, den Mund zu halten und nicht gleich alles raus zu posaunen. Nun hilft es nichts, das Gold muss schnellstmöglich verkauft werden. Doch wieviel ist es wert?* Bartosz schnappt sich nach dem Frühstück das *ALGEMEEN DAGBLAD* vom Zeitungsständer und vertieft sich in den Wirtschaftsteil. Hier findet er in der Rubrik *edelmetaal* sofort, wonach er sucht: Aktuell wird Gold für dreihundertdreißig Dollar je Feinunze angekauft. Das sind mehr als zehn Dollar pro Gramm und damit zehntausendsechshundert Dollar für den ganzen Barren. Eine stolze Summe, er grinst vergnügt in sich hinein.

Wieder zurück im Zimmer greift er zum Telefon: „Hallo Adriaan. Du musst mir helfen! Das Hotel verlangt den nächsten Abschlag für meine Bude. Deine Anzahlung ist leider aufgebraucht. Jetzt ist es soweit, ich brauche Bargeld und will mein Gold losschlagen. Würdest du mich beim Verkauf unterstützen, ich kenne mich mit den Gepflogenheiten doch nicht so aus." „Oh! Verkaufen willst du deinen Schatz? … das ist eine sehr gute Idee. Mach das. Ich fliege allerdings morgen früh für eine Woche nach Bordeaux, dort bin ich geschäftlich verabredet." „Kannst du die Reise nicht verschieben. Ich habe Eile und brauche das Geld. Das Hotel macht Druck." „Wie stellst du dir das vor … die Reise verschieben …? Mein französischer Freund hat interessante Geschäftspartner aus Tahiti zu Gast. Es geht um schwarze Perlen und Luxus-Tourismus. Diese Chance bekomme ich kein zweites Mal. Außerdem sind die Flüge bereits gebucht. Wenn du nicht warten kannst, musst du die Ware ohne mich absetzen. Gold verkaufen ist kein Hexenwerk, das schaffst du auch allein. Schau in die *GELBEN SEITEN*, dort findest du sämtliche Amsterdamer Goldhändler." Enttäuscht legt Bartosz auf. *Okay! Wenn nicht* MIT *Adriaan, dann eben* OHNE *ihn.* Von der Rezeption holt er sich das Gelbe Buch, unter dem Stichwort Gold wird er schnell fündig.

*

Amsterdam. Stadtzentrum.

Bereits eine Stunde später drückt er in der vornehmen *Herengracht* auf das glänzende Klingelschild der *SILVER GOLD BULL NETHERLANDS.* Ein breitschultriger Wachmann öffnet das Türfenster, fragt nach seinem Begehr und lässt sich den Reisepass zeigen. Der Wartebereich ist leer, er wird sofort in den Verkaufsraum geführt. Hier warten ein Herr und eine Dame in einer vergitterten Glaskanzel auf Kundschaft. Die Frau winkt ihn heran und fragt per Sprechanlage nach seinen Wünschen. Bartosz zieht den Barren aus der Tasche, entfernt das

Schutztuch und hält das Gold vor die Scheibe: „Das hier möchte ich verkaufen.“ Ein wenig aufgeregt legt er mit zitternder Hand den Barren in die Schublade unterm Tresen und schiebt das Ganze nach innen. Ohne das Gold herauszunehmen, entschlüsselt die Frau sofort die eingestempelten Zeichen auf der Oberseite und schiebt die Lade zurück: „Nehmen Sie das wieder mit. Wir kaufen aus politischen Gründen kein Russengold.“
Entgeistert schaut er sie an: „Das ist bestes Feingold aus Sibirien, 24 Karat .... Sie winkt ab: „Ja eben. Daran klebt das Blut der *GULAG*-Häftlinge. Bitte packen Sie es wieder ein.“
Wortlos verlässt er mit hängendem Kopf das Haus. Der Wachmann erklärt ihm den Weg zu seinem nächsten Ziel. Wenig später steht er vor der Tür von *AMSTERDAM GOLD*, wo es wesentlich bescheidener zugeht. Weder glänzende Klingel noch muskelbepackter Wachmann. Aber der Schalterraum ist ähnlich gut gesichert wie in der *Herengracht.* Leider hat er auch hier kein Glück. Der Mann im Glaskasten schickt ihn mit der lapidaren Begründung weg, dass von Nicht-EU-Bürgern keine Ware angekauft wird. Was der Pole nicht weiß: Der Weltmarkt ist mit Gold übersättigt. Südafrika hat seit Beendigung der Apartheid sämtliche Exportbeschränkungen abgeschafft.
Weiter geht's. Bei der *HOLLAND PREMIUM GOLD COMPANY* lässt man ihn erst gar nicht in den Verkaufsraum vor, sondern verlangt schon an der Tür nach dem Einfuhrzertifikat. Schulterzucken und Kopfschütteln. Bartosz ist schneller wieder auf der Straße, als ihm lieb sein kann. Mit gesenktem Kopf verharrt er minutenlang an der Eingangstreppe. Ein Mann mittleren Alters, der ihn beobachtet, tritt heran: „Sorry mein Herr, dass ich Sie einfach so anspreche. Wie mir scheint, hatten auch

Sie in diesem Haus kein Glück. Da sind Sie übrigens nicht der Einzige." Mit der Hand weist er auf das Wort *GOLD* auf dem Firmenschild. „Vielleicht kann ICH Ihnen DABEI helfen. Darf ich Sie zu einer Tasse Kaffee einladen?"
Nur kurz zögert der Pole, wenig später sitzen sie bereits in einem gemütlichen Lokal und warten auf ihren Cappuccino. Hoch erfreut über die unerwartete Hilfe, erzählt er freimütig von seinen Verkaufsplänen. Der Fremde ist neugierig und will wissen, wie und wo das Gold lagert. Bartosz schüttelt den Kopf: „Pst, das erfahren Sie noch rechtzeitig von mir!" Nachdem die Kellnerin den Kaffee serviert hat, stellt sich der zuvorkommende Herr als Maxim van der Velde vor. „Gebürtiger Holländer, in Amsterdam zu Hause und ausgestattet mit exzellenten Kontakten in der Goldszene", fügt er hinzu und dreht Vertrauen heischend einen dicken Siegelring am Mittelfinger. Der Pole ist unsicher, ob er sich auf diesen Mann einlassen soll … oder besser nicht. Sein Bauch signalisiert: *Sei vorsichtig!! Doch der Verstand weiß, er muss verkaufen, und er hat keine Wahl.* Restzweifel bleiben wegen van der Veldes Äußerem. Hut, Mantel und Sakko sind picobello, doch die Manschetten des weißen Hemds sehen schmuddelig aus, selbst die Krawatte ist mit Flecken übersät. Und die ausgebeulte Hose mit den abgewetzten Schuhen darunter sind nicht das, was man sich unter einem seriösen Geschäftsmann vorstellen möchte. Schnell verwirft er alle Bedenken und beschließt, der neuen Bekanntschaft einfach zu vertrauen. Was ihm der Holländer im besten Englisch anschließend erläutert, klingt plausibel. Die großen Amsterdamer Goldhändler bestimmen Angebot und Nachfrage. Kleine Privatkunden werden ignoriert oder übers Ohr gehauen.

Für Externe ist der Markt verrammelt, keine Chance für individuelle Geschäfte. Van der Velde bietet an, ihm das Gold sofort abzukaufen, falls es sich wirklich um reines Feingold handelt. Den Kaufpreis gibt es bar und sofort auf die Hand. Abgezogen wird lediglich eine Marge von zwanzig Prozent. Deshalb kommen nur achttausendfünfhundert Dollar zur Auszahlung. Abwickeln lässt sich der Deal in seinem Hotelzimmer, dort sind sie sicher vor lästigen Zaungästen. Die beiden werden rasch einig und verabreden sich für denselben Abend.

*

Hotel Prinsengracht.

Gegen 21 Uhr klopft es an die Zimmertür. Bartosz hat es sich grad auf dem Bett bequem gemacht, neben sich eine Tüte mit Chips. Er checkt den Fernseher nach einem polnischen TV-Sender. Mit einem „Just a Moment“ springt er hoch, zieht sich Hemd und Hose an und öffnet die Tür. Sein Erstaunen ist groß, als van der Velde nicht allein vor ihm steht. Ihn begleitet eine junge Kellnerin, neben sich einen Servierwagen, wie er vom Zimmerservice benutzt wird. Nach einem kurzem „Hallo, da bin ich!“, schlängelt sich sein Gast umstandslos an ihm vorbei ins Zimmer. Mit einer Handbewegung bedeutet er der Frau, auf dem Flur zu warten. Die Tür fällt ins Schloss. Noch im Stehen öffnet er seine Aktentasche und entnimmt ihr ein dickes Bündel Geldscheine. „Hier, nehmen Sie, das ist alles für Sie!“, winkt er ihn heran. „Leider muss ich mich für eine kleine Panne entschuldigen. Auf die Schnelle war die vereinbarte Dollarsumme nicht aufzutreiben. Die Wechselstellen führen wegen der häufigen Überfälle nur noch kleinere Bargeldbestände. Anstelle der Dollars habe ich siebzehntausendachthundert Holländische Gulden mitgebracht; direkt von der Bank; nach heutigem Kurs und gestückelt in Fünfziger- und Hunderter-Scheine. Ich hoffe, es ist Ihnen egal, ob Sie Dollars oder Gulden in der Tasche haben.“ Bartosz nickt nur und wiegt das üppige Bündel in der Hand. Es ist fest verschnürt mit zwei breiten Banderolen; darauf ein blauer Schriftzug. *De Nederlandsche Bank NV*. Das Formular an der Seite muss der Auszahlungsbeleg sein, auch dort prangt oben und unten das Bank-Logo. Probehalber versucht er mit dem Daumennagel, die eng gepressten Geldscheine auseinander zu blättern. Vergeblich. Ihm fällt ein, dass es vor Jahren mehrere Vorfälle gab, als in Polen gutgläubigen Ausländern mit der sogenannten *Kolberger Masche* Falschgeld untergejubelt worden war. Die Betrüger tricksten mit präparierten Geldbündeln. Oben und unten lagen echte Banknoten und dazwischen wertlose Scheine. Jetzt will er sicher gehen und zieht ein Klappmesser aus der Tasche. „Was haben Sie denn nun vor?“, blafft ihn der Holländer an. „Doch nicht etwa das Päckchen aufschneiden und siebzehntausend Gulden nachzählen?“ Der Pole lässt das Messer sinken. Energisch nimmt ihm van der Velde das Bündel aus der Hand: „Finger weg, das Geld gehört Ihnen doch noch gar nicht! Zeigen Sie mir erst einmal das Gold.“ Bartosz geht ins Bad und öffnet die Abdeckung des Spülkastens. Mit nacktem Arm greift er hinein, fischt den Barren heraus und reibt ihn mit einem Handtuch trocken. Gleich am Tisch machen sie den Königswasser-Test. Van der Velde ist zufrieden mit dem Ergebnis und reicht ihm die Hand. Mit einem kräftigen Shakehands besiegeln sie ihr Geschäft. Sogleich steckt der Holländer den Barren in die Hosentasche und schiebt das Geldbündel unters Bett. Bartosz schaut fragend, was das wohl soll.

Van der Velde grinst: „Schon vergessen? Vor der Tür wartet doch eine nette Dame, sie darf von unserem Deal nichts wissen. Normalerweise arbeitet sie als Amüsiergirl im Vergnügungsviertel am Bahnhof. Heute ist das Mädchen mein Gastgeschenk für Sie und wird Ihnen den Abend versüßen. Doch bevor ich gleich gehe, sollten wir noch ein Glas Sekt gemeinsam trinken."

Er öffnet die Tür und winkt die Blondine herein. Sie schiebt den Servierwagen ins Zimmer und zieht das Abdecktuch zur Seite. Darunter kommt ein Sektkühler zum Vorschein, darin zwei Flaschen auf Eis. Der Sekt perlt bereits in den Gläsern. Ein Teller mit Obst und Salznüssen steht daneben. Auf einen Wink des Holländers hin verschwindet die Frau rasch im Bad. Die Männer prosten sich zu und schenken nach bis die Flasche leer ist. Van der Velde weist in Richtung Toilette: „Das Mädchen ist bereits bezahlt. Wenn Sie wollen, bleibt sie die ganze Nacht hier. Sie können sie aber auch nach Hause schicken." Bartosz macht ein ratloses Gesicht. *Was soll er denn jetzt mit dieser Frau anfangen?* Der Holländer klopft ihm beruhigend auf die Schulter: „Ich bin sicher, Ihnen fällt bestimmt etwas ein." Er schaut auf seine Uhr, greift nach der Tasche und macht Anstalten zu gehen. Zum Abschied gibt er dem Polen kurz die Hand, klopft auf dem Weg hinaus zweimal an die Badtür und verlässt die Unterkunft.

Gedankenverloren schaut ihm Bartosz hinterher. Grad will er sich nach dem Geldbündel bücken, da kommt die Blondine mit breitem Lächeln zurück ins Zimmer: „Hallo da bin ich wieder, was liegt an?" Das Kellner-Outfit hat sie abgelegt. Jetzt trägt sie zu den High-Heels nur noch knappe Hotpants und ein tief ausgeschnittenes Bustier. Ihren offenen Haaren entströmt ein exotischer Duft. Er schaut verdattert, als sie das Oberteil geschmeidig abstreift, Sekt nachschenkt und sich an ihn schmiegt: „Prost mein Lieber. Mein Name ist Julia, und wie heißt du? Wenn du willst, zieh dich aus. Soll ich dir dabei helfen? Komm, wir machen es uns im Bett bequem." Nach dem turbulenten Tag ist ein Schäferstündchen das Letzte, wonach er sich sehnt. Er ist müde und braucht Entspannung. Das Geldpaket unterm Bett, der reichlich getrunkene Sekt und die forschen Avancen der Frau sind ihm einfach zu viel auf die Schnelle. Julia bemerkt sein Unbehagen, haucht ihm einen Kuss auf die Wange und will ihn umarmen. Genervt wehrt er ab. Sie zieht ihn aufs Bett und setzt sich daneben. „Komm, trink einen Schluck und iss etwas. Dann geht es dir bestimmt gleich besser." Hierauf löscht sie das Deckenlicht, schaltet die Nachttischlampe ein und sucht im Radio nach klassischer Musik. Bartosz streift die Schuhe ab und streckt sich auf dem Bett aus. Die Augen fallen ihm sofort zu, und wenig später übertönt sein lautes Schnarchen *Die Vier Jahreszeiten* von *Vivaldi*. Gegen Mitternacht wacht er fröstelnd auf, jetzt ist er allein im Zimmer. Auf dem Nachtschrank findet er einen Zettel: *Falls ich heute Abend noch mal zu dir kommen soll, rufe einfach die folgende Nummer an ... Julia.* Das Telefon bleibt stumm. Er dreht sich zur anderen Seite, zieht die Decke über den Kopf und schläft wieder ein.

*

Am Morgen tastet er zunächst nach dem Geldbündel unterm Bett. Es liegt noch genau da, wo es der Holländer am Abend hingetan hatte. Der Pole ist hoffnungsfroh und aufgeregt zugleich. War van der Velde ehrlich, oder hat man ihn trotz aller Vorsicht hereingelegt. Als die Banderole aufgeschnitten ist, und sich das Bündel auffächern lässt, wird klar, dass es nix werden kann mit dem schnellen Wohlstand im Westen. Das Unfassbare ist eingetreten. Oben und unten hat dieser elende Betrüger ein paar echte Banknoten platziert, in der Mitte des Stapels schimmern beschädigte Geldscheine unbekannter Herkunft. Bartosz schreit auf vor Wut, greift nach dem Bündel und feuert es an die Wand. Er ist maßlos enttäuscht und wirft sich den Tränen nahe aufs Bett. Fassungslos grabbelt er nach den wertlosen Banknoten und zerfetzt sie in winzige Schnipsel. Es dauert eine kleine Ewigkeit bis er schweratmend wieder bei sich ist und im Sessel verpusten kann. Ihm kommt sein Beichtvater aus der Stadtkirche Breslau in den Sinn. Bei der Kommunion gab er ihm den Rat: „Wenn nichts mehr geht, bete zu unserem Herrn. Er wird dir den rechten Weg weisen." Der Pole schlägt ein Kreuz in der Luft, faltet die Hände und murmelt: „Herrgott im Himmel … lass mich die Bekanntschaft mit den Russen vergessen … hilf mir, das Absturztrauma zu überwinden … geleite mich wieder nach Hause … verflucht sei alles Gold dieser Welt … und führe den Gauner van der Velde seiner gerechten Strafe zu."

Noch am selben Abend besteigt er den *EUROCITY* in Richtung Stettin mit Halt in Berlin. Für die Fahrkarte nach Hause und ein paar Sandwiches für unterwegs haben die echten Gulden grad noch so gereicht. Die Hotelrechnung bleibt unbezahlt, über den Lieferanteneingang konnte er das Haus unbemerkt verlassen.

*

Der betrügerische van der Velde hat mit dem geraubten Gold kein Glück. Um nach seinem Diebstahl schnell aus dem Hotel flüchten zu können, war er mit dem Fahrrad gekommen. Neben der Eingangstreppe des *PRINSENGRACHT* hatte er es abgestellt. Hier steht es auch noch, aber jemand hat sich in der Dunkelheit des Sattels bemächtigt. Der Holländer ist in Eile. Wütend gibt er dem Fahrrad einen Tritt, schwingt sich trotzdem auf das Gefährt und radelt ohne sich hinsetzen zu können im Stehen los. Das Schicksal ereilt ihn an der nächsten Grachtenüberfahrt. Hier steht die Zugbrücke, die den Verkehr auf dem Wasser regelt, noch einen halben Meter über ihrer horizontalen Endstellung. Van der Velde übersieht auf dem schlecht beleuchteten Steg die drohende Gefahr. Ungebremst rutscht er samt Fahrrad über den Rand des Brückenteils hinweg und landet kopfüber in der trüben Brühe. Allein retten kann er sich nicht. Die vollgesogene Kleidung und die im Schlamm steckenden Füße hindern ihn daran. Sein Rufen bleibt jedoch nicht ungehört. Hilfsbereite Passanten werfen ihm einen Rettungsring zu und hieven ihn an Land. Pitschnass steht er auf dem Bürgersteig, schaut an sich herunter und klopft alle Taschen von Sakko und Hose ab. Die Geldbörse ist an ihrem Ort, doch da, wo sich vorher der Barren unter dem Stoff abzeichnete, ist Leere. Das Gold ist ihm aus der Jackentasche gerutscht und im Zentimeter tiefen Schlamm versunken. Für den von der Polizei gesuchten Betrüger gibt es keine Chance, es zu bergen.

***

Überraschungen

Mieszkowice.

Dorota war in ihrem bisherigen Leben schon immer für eine Überraschung gut. Ihre Mutter Teresa, geschieden seit die Tochter zur Schule kam, weiß ein Lied davon zu singen. Besonders heftig fielen die Eskapaden des Mädchens während ihrer Pubertät aus. Kleine und auch große Streitereien zwischen den beiden Frauen waren seitdem an der Tagesordnung. Die junge Polin, vom Sternzeichen her eine freiheitsliebende Wassermann-Frau, tat sich schwer mit den ständigen Einschränkungen ihrer frommen Mutter. Egal worum es ging; ob Freunde in ihrem Zimmer zu empfangen, auf der Straße zu rauchen oder an den Samstagen bis spät Nachts in den Clubs herumzuhängen, stets hatte sie die Ermahnungen der Mama im Ohr. Dies änderte sich erst, nachdem sie ihr Journalistik Studium an der Universität Warschau begonnen hatte. Der geographische Abstand tat den Kontrahentinnen sehr gut. Jedoch erwies sich dieser Berufswunsch zum Leidwesen der beiden als trügerisch. Dorota fand trotz eines Einser-Diploms keine Arbeit und muss sich seitdem mit ihrem Job im Hotel ATRIUM über Wasser halten. Diese Stelle hat zwar mit Menschen, aber nichts mit Journalismus zu tun. Hier ist es einfach nur öde. Licht kommt in die Tristesse ihres Alltags, als sie vor ein paar Tagen Sergej, ihren russischen Schwarm, kennenlernt. Sie begegneten sich des Nachts in der Tiefgarage des Hotels, es war reiner Zufall. Kurze Zeit später kam es zu einem weiteren nächtlichen Treffen, diesmal auf dem Flugplatz Mieszkowice. Dort spürte er die Polin auf dem Dach ihres Unterschlupfs auf, mitten in den Vorbereitungen der Gruppe für den Abflug nach Deutschland. Die temperamentvolle Frau ist von Anfang an vernarrt in diesen kernigen Russen. Seit ihrem ersten Zusammentreffen hat sie Schmetterlinge im Bauch und verfolgt ihn auf Schritt und Tritt. Getrieben wird sie von der Vision einer gemeinsamen Zukunft. Von diesen Träumen ahnt Sergej nichts, und es würde ihn auch wenig interessieren, denn seine Gedanken sind hier und heute ganz woanders. Er sorgt sich um den Verbleib von Raissa und bangt sogar um ihr Leben.

*

Solche Befürchtungen kennt Dorota nicht, ihre Überlegungen gehen in eine ganz andere Richtung. Sie hat herausgefunden, dass ihr Sergej immer noch auf dem Luftstützpunkt zu Gange ist. Warum und weshalb, kann sie nur mutmaßen. Es scheint mit dem Hubschrauber zusammenzuhängen, der vor ein paar Tagen in Richtung Westen abgeflogen war, aber bisher nicht zurückgekehrte. Sie will *Ihren Super Russen* nachher spontan besuchen und mit ihm auf Polnisch zu Abend essen. Dabei, so hofft sie, wird man sich näher kennenlernen und später sehen, was sich daraus ergibt. Dass Sergej von ihrem Vorhaben nichts weiß, ficht sie nicht an, schließlich soll es eine Überraschung werden. Gesagt, getan! Dorota freut sich diebisch über ihre tolle Idee. Unternehmungslustig schiebt sie ihren Einkaufswagen durch den Supermarkt und füllt ihn mit polnischen Spezialitäten: Würste aus ihrer Heimatstadt Kolberg, gebackenen Speck vom Lande, Danziger Sprotten, Königskäse aus Kolno, Breslauer Gurken, Bergbutter aus Zakopane und frisches Weißbrot vom Bäcker nebenan. Am Getränkestand entscheidet sie sich für Coca Cola, einheimisches Bier und ein Fläschchen Wodka.

*

Wenig später macht sie sich mit ihrem Motorrad auf den Weg zum Flugplatz. Das Eingangstor steht auch heute weit offen.

Auf dem Areal ist alles ruhig. Die Maschine stellt sie wie gewohnt neben ihrem Zelt ab. Es dient ihr gleichsam als Unterschlupf, wenn sie sich auf dem Gelände herumtreibt. Von hier bis zu Sergejs Unterkunft ist es nur ein kurzes Stück zu laufen. Mittlerweile kennt sie sich in der Gegend ganz gut aus. Sergej campiert im ehemaligen Werkstattgebäude der Hubschrauberstaffel. Die Fensterfront ist vergittert und der Eingang mit einem zweiflügligen Metalltor gesichert. Während sie mit der Faust ans Eisen wummert, passiert eine ganze Weile gar nichts. Plötzlich lugt Sergej vorsichtig um die Hausecke, er sieht sie, geht durch den Hintereingang zurück und öffnet das Tor von innen: „Hallo Dorota, Was für eine Überraschung? Bitte komm rein. Welcher Wind weht dich denn hierher?“ Sie strahlt: „Ich möchte dich zum Essen einladen“, und lässt den Rucksack von der Schulter gleiten. Sorgsam breitet sie ihre Einkäufe auf der Werkbank aus: „Hier schau! Das sind lauter feine Sachen aus meiner Heimat.“ Ihm gehen die Augen über, er leckt sich begierig die Lippen. So etwas hat er schon lange nicht mehr gegessen. Sogar an Wodka hat sie gedacht. Wenig später sitzen sie einträchtig am einzigen Tisch und lassen es sich gut gehen. Sergej greift eifrig zu, er hat einen Bärenhunger. Dorota schaut ihn mit leuchtenden Augen an und streichelt immer wieder seinen Arm. Endlich hat sie es geschafft, bei ihm zu sein. Die Stimmung ist prächtig, zahlreiche Flaschen Bier und der Wodka zwischendurch tun ihr Übriges. Für die beiden kann es kaum schöner sein. Später schleppen sie einen ausgedienten Zweisitzer ins Freie und machen es sich in der Abendsonne gemütlich. Während die Polin aufs Ganze geht und in ihrem heiteren russischen Akzent freimütig aus dem Leben plaudert, ist der vorsichtige Sergej darauf bedacht, nur das Nötigste von sich erzählen. Aber eines fühlt er mit Wucht, diese lebhafte Frau gefällt ihm von Minute zu Minute immer besser. In der sich ausbreitenden Abendkühle rückt er fröstelnd ganz dicht heran und legt den Arm um sie. Beide kuscheln sich aneinander. „Wenn du magst, kannst du bei mir übernachten“, flüstert er ihr ins Ohr und küsst ihren Hals am Haaransatz. „Allerdings gibt es hier nur ein Doppelstockbett. Du kannst dir aussuchen, ob du oben oder unten schlafen möchtest.“ „Oben oder unten, das ist mir egal. Hauptsache ich schlafe neben dir“, betont sie lächelnd, nimmt seine Hand und legt sie dahin, wo ihr Herz unter dem Shirt aufgeregt schlägt. Wenig später verschwinden sie im Haus, und Sergej verriegelt sorgsam das Tor. Im Schein der Petroleumlampe endet der Abend in einem lebhaften Miteinander auf dem unteren Bett.

*

Es wird langsam hell, indes Dorota von einem menschlichen Bedürfnis geweckt wird. Da es im Gebäude keine funktionierende Toilette mehr gibt, geht sie durch die Hintertür nach draußen und hockt sich in der Morgenkühle jenseits des Hauses in die Büsche. Auf dem Rückweg taucht hinter dem Zaun plötzlich eine Fuchsfamilie auf. Entzückt bleibt sie stehen und verfolgt gebannt das Keckern und Winseln der drei Jungfüchse. Mit Dorotas Schläfrigkeit ist es jetzt endgültig vorbei, sie ist hellwach. Als sie wieder vor dem Bett steht und auf den schlafenden Sergej schaut, der die schmale Matratze raumgreifend okkupiert hat, beschließt sie, sich nicht wieder zu ihm zu legen, sondern ihre Sachen zu nehmen und den anbrechenden Tag im Zelt zu verbringen.

Nach dem reichlich genossenen Alkohol und der aufregenden Nacht ist sie leicht verkatert und will einfach nur allein sein.

Später wird sie sich fragen, woher die Eingebung kam, nicht wieder zu Sergej ins Bett zu kriechen. Es war wohl nicht nur der Platzmangel auf dem Nachtlager, sondern auch ein Stückchen Vorahnung. Vielleicht rettete ihr dieser Umstand das Leben.

*

Wenig später biegt ein schwarzer VW-Bully in die Zufahrtsstraße ein. Die Seitenscheiben sind mit Folie abgedunkelt. Das Auto fährt mit Schrittgeschwindigkeit, kaum hörbar läuft der Motor. Unweit der Werkstatt parkt es im Schatten des benachbarten Hangars. Im Wagen hocken vier Bewaffnete im Tarnanzug, der vorn rechts Sitzende gibt auf Russisch letzte Instruktionen. Anschließend setzen sich drei der Männer Helm und Gasmaske auf, greifen nach ihrem Sturmgewehr und steigen aus; sorgsam darauf bedacht, kein Geräusch zu erzeugen. Militärische Rangabzeichen sind auf der Kleidung nicht zu erkennen. Der Fahrer bleibt am Steuer zurück, er lädt seine schwere Armeepistole durch und platziert eine Nebelgranate auf dem Nachbarsitz . Zwei Mann gehen auf die andere Straßenseite und schleichen gebückt an der Wand entlang zum Tor. Ihr Gewehr halten sie schussbereit in den Händen Der Dritte nimmt seine Position vor der Fensterfront des Gebäudes ein. Auf einen Wink hin zertrümmert er mit dem Gewehrkolben die unteren Scheiben. In der morgendlichen Stille schreckt nicht nur Sergej aus dem Schlaf hoch, der Schall des berstenden Glases dringt bis zu Dorota, die sich grad über ein paar Kekse und eine Büchse Cola hermacht. Instinktiv weiß sie, dass etwas passiert sein muss. Blitzschnell greift sie nach ihrer Kamera und klettert auf das Dach des benachbarten Erdhangars. Was sie mit ansehen muss, lässt ihr das Blut in den Adern gefrieren.

Da unten krachen Schüsse, und Gasschwaden steigen auf. Nach ein paar Sekunden der Schockstarre reißt sie die Kamera hoch und drückt den Auslöser so lange bis der halbe Film belichtet ist.

*

Durch das zerschossene Fenster fliegt eine rauchende Tränengasgranate ins Innere. Laut zischend rollt sie auf dem Fußboden hin und her und sondert ihr giftiges Gemisch ab. Sergej, der im Afghanistankrieg zahlreiche Scharmützel mit den Taliban ausgefochten hat, ist jetzt hellwach. Er reibt sich kurz die Augen, springt aus dem Bett und greift nach der Maschinenpistole, die an der Seite lehnt. Blitzschnell entsichert er die Waffe und gibt eine lange Salve in Richtung Fenster ab. Das Holz splittert und unzählige Glasscherben fliegen durch die Gegend. Die pfeifenden Querschläger schwirren in alle Richtungen. Das Fauchen des entweichenden Tränengases erinnert ihn daran, dass es höchste Zeit ist, die Schutzmaske aufzusetzen. Gegen das Gas ist er nun geschützt, aber die kleinen Gucklöcher schränken sein Blickfeld gewaltig ein. Er kann kaum noch etwas erkennen. Sergej weiß: *Jetzt ist es soweit, sie wollen mich holen.* Er ballt die Faust: *Aber dafür müsst ihr mich erst mal kriegen!*

*

Die Angreifer sind vor dem Haus in Deckung gegangen. Mit Sergejs heftiger Gegenwehr haben sie überhaupt nicht gerechnet. Deshalb ziehen sie sich hinter einen Mauervorsprung zurück. Der Truppführer nimmt Helm und Schutzmaske ab: „Verflucht sei dieser verdammte Lump, und die Bürohengste in der Zentrale insbesondere. Die Sesselfurzer haben keine Ahnung. Wollen uns weismachen, dass dieser Uchmatow höchstens eine Pistole mit sich führt, und dann das … !" Er weist auf die zerschossenen Scheiben. Der Nebenmann pflichtet ihm bei: „Der Kerl ist hervorragend bewaffnet. Er verschießt sogar Stahlmantelgeschosse, es war nicht zu überhören Wer weiß, was er noch so alles dabei hat. Garantiert auch ein paar Ei-Handgranaten. Wir sollten vorsichtig sein …!" Der Wortführer ergänzt: „Denkt daran, wir müssen ihn unbedingt lebend fassen. Das ist der klare Befehl von oben. Wir dürfen kein Risiko eingehen. Wenn ihr ihn seht, zielt auf die Beine und nicht etwa auf Kopf oder Rumpf. Zunächst verschaffen wir uns den Zugang ins Haus. Ihr zwei bringt die Haftladung am Tor an und sprengt es auf. Dann werfen wir die Blendgranaten rein und greifen uns den Burschen. Verstanden?" Die schwarz Behelmten nicken eifrig.

*

Drinnen hat sich Sergej gebückt ans Fenster geschlichen und schaut hinaus. Niemand ist zu sehen. Er wägt ab: *Kämpfen bis zur letzten Patrone, oder ehrenvoller Rückzug mit dem Gold.* Die Entscheidung wird ihm in diesem Augenblick sogleich abgenommen. Grad will er sich hinter einen Mauervorsprung zurückziehen, da geht auch schon der Sprengsatz hoch. Die Wucht der Explosion reißt beide Torflügel aus den Angeln, krachend fallen sie zu Boden. Auch Sergej taumelt, krampfhaft bemüht, nicht umzufallen. Noch ehe der Rauch sich verzogen hat, wird er vom Blitz der Blendgranaten überrascht. Sekundenlang irrt er mit geschlossenen Augen umher und spürt plötzlich den Lauf einer Waffe an der Schläfe. Mit katzengleicher Drehung wirft er sich zu Boden, reißt sein Gewehr hoch und drückt nochmal ab. Sein Feuerstoß geht in die Decke, der Angreifer bleibt unverletzt. Um sich schießend flüchtet Sergej im Nebel der Tränengase nach draußen und geht neben dem Gebäude hinter einem Strauch in Deckung. Unter der eng sitzende Schutzmaske sieht er sehr wenig und hört so gut wie nichts. Daher entgeht ihm der Herankommende, der ihn mit einem gezielten Kolbenhieb außer Gefecht setzt. Zu seinem Glück dämpft der dicke Gummi der Schutzmaske den Schlag gegen den Kopf. Bevor ihm völlig schwarz vor Augen wird, feuert Sergej noch eine letzte Salve ab, sie landet in den Wolken. Dann sackt er bewusstlos zusammen. Jetzt haben die Männer keine Mühe, ihm Maske und Helm vom Kopf zu ziehen. Zur Sicherheit fesseln sie ihn sofort mit Handschellen. Der Truppführer tastet seine Kleidung ab und findet in der Innentasche den russischen Führerschein, ausgestellt für alle Fahrzeugklassen auf den Bürger Sergej Uchmatow aus Jekaterinburg. Damit ist seine Identität zweifelsfrei geklärt. Zu zweit schleppen sie ihn aufs Bett. Allmählich kommt er wieder zu sich und will die Augen öffnen, doch es bleibt dunkel. Eine schwarze Binde bedeckt Stirn und Augenpartie. Einer der Männer stößt ihm rüde mit der Faust in die Seite: „Hey, Kerl. Kannst du aufstehen?“ Sergej röchelt ein kurzes *Njet*. Er tastet mit der Zunge den vom Tränengas ausgetrockneten Rachen ab und bittet um Wasser. Als er die Flasche an den Lippen spürt, trinkt er hastig ein paar Schlucke. Danach versucht er, sich aufzusetzen. Vom Kolbenhieb noch immer benommen, gelingt das erst nach mehreren Anläufen.

Schließlich sitzt er auf der Bettkante, atmet tief ein und aus und spitzt die Ohren. Um ihn herum rumort es. schwere Schritte und ein geräuschvolles Scharren und Schurren sind zu hören. Seine Greifer haben ihre Waffen abgelegt und stellen die Werkstatt auf der Suche nach dem Gold auf den Kopf.

Akribisch durchstöbern sie jeden Winkel des Raums. In einem Kasten unterhalb der Werkbank finden sie schließlich das Gesuchte. Neunundvierzig glänzende Barren. Die Ledertasche mit Sergejs restlichen Waffen unterm Bett übersehen sie in der Eile.

*

Der wichtigste Teil ihres Auftrags ist jetzt erfüllt. Sie haben nicht nur den Banditen Uchmatow festgesetzt, sondern auch das Gold in ihrem Gewahrsam. Die Rückreise nach Petersburg kann sofort beginnen. In ihrer Freude über die geglückte Aktion bemerken sie nicht, dass durch den Türspalt des Hintereingangs ein lichtstarkes Kameraobjektiv in die Werkstatt ragt. Das Klicken des Auslösers geht völlig unter im Lärm des Aufbruchs. Während die Russen die Werkstatt verlassen, folgt ihnen die furchtlose Dorota bis zum Eingang. Sie fotografiert die Männer und den Gefangenen bis sie im Auto sitzen und den Platz mit aufheulendem Motor verlassen. Jetzt ist Eile angesagt. Sie hetzt zu ihrem Motorrad, stülpt sich den Helm auf und rast los. Nach ein paar Kilometern sichtet sie vor sich die Rücklichter der Entführer. Der Wagen fährt auf der Europastraße 65 in Richtung Norden. Stettin 60 Kilometer liest sie wenig später auf einer Hinweistafel.

***

Goldregen

Wriezen. Rathaus. Katastrophenstab.

Zu sechst sitzen sie am Abend dieses schwül heißen Tages um den Tisch herum. Der Umweltminister lässt sich durch seinen Abteilungsleiter vertreten, er ist neu in der Runde. Alle anderen haben sich bereits zu Genüge beim täglichen Hochwasserrapport kennengelernt. Der Landrat leitet die Sitzung, er berichtet, dass die Evakuierung der in Flussnähe gelegenen Dörfer ab morgen anläuft. Mithin bleiben die Deiche das größte Problem. Es grenzt an ein Wunder, dass die völlig durchweichten Dämme dem Druck des Wassers immer noch standhalten können. Bei Tag und Nacht wird unermüdlich an den zahlreichen Sickerstellen gearbeitet. Pausenlos transportieren Bundeswehrhubschrauber die benötigten Sandsäcke heran. Unter den freiwilligen Helfern und Soldaten hat sich professionelle Routine breitgemacht. Die Chefs der Einsatzkommandos registrieren es mit Genugtuung. Selbst neue Kräfte benötigen nur kurze Zeit, bis sie sich in die Abläufe am Damm eingearbeitet haben.

*

Kurz vor Ende der Sitzung reicht die Sekretärin ihrem Chef eine Meldung mit dicken Ausrufezeichen rein, die Unwetterwarnung des meteorologischen Dienstes. Sie besteht nur aus drei Sätzen und einigen Diagrammen. Erwartet wird ein Temperatursturz um mehr als zehn Grad, begleitet von schweren Gewittern, Starkregen und den hier seltenen Tornados. Ohne sich voneinander zu verabschieden, brechen die Anwesenden hastig auf.

Am nächsten Tag.

Seelow.

Der grün weiß lackierte Polizei-LADA aus DDR-Zeiten hat seine besten Jahre bereits hinter sich. Gestern Abend wurde er aus dem hintersten Winkel der Großgarage hervorgeholt und ein wenig landfein gemacht. Die Reifen brauchten Luft, die Frontscheibe war verstaubt, doch der Motor sprang sofort an. Solide Russentechnik halt. Auf dem Dach sind zwei leistungsstarke Lautsprecher montiert. Dieses Auto wird dringend gebraucht. Die Gründe dafür sind so wichtig, wie simpel. Der Landrat von MOL hat die Evakuierung der Fluss nahen Dörfer angeordnet, die Bevölkerung muss schnellstens alarmiert werden. Sein Büroleiter, der das Hochwasser von der Mosel kennt, rät ihm zum Einsatz von Lautsprecherwagen in den Gemeinden.

*

Ortwig.

Um die Mittagszeit biegt der LADA mit geöffneten Seitenscheiben in den Dorfanger ein, zwei schwitzende Polizisten sitzen drin. Der Beifahrer hält das Mikrofon in der Hand, auf seinem Schoss liegt ein in Großbuchstaben beschriebener Zettel. Den Text hat der Revierleiter persönlich verfasst. Die Polizeisirene heult kurz auf. Dann kommt die Durchsage:

ACHTUNG, ACHTUNG! +++ DER LANDRAT VON MÄRKISCH ODERLAND ORDNET HIERMIT AN! +++ ALLE BÜRGER DES ORTES MÜSSEN SOFORT IHRE HÄUSER UND WOHNUNGEN VERLASSEN. +++ WEGEN DES HOCHWASSERS DROHEN DAMMBRÜCHE UND EINE ÜBERFLUTUNG. +++ PACKEN SIE SOFORT PERSÖNLICHE DINGE, MEDIKAMENTE UND IHRE AUSWEISPAPIERE EIN. +++ BITTE

BEGEBEN SIE SICH IN HÖHERGELEGENE REGIONEN: +++ NEHMEN SIE DIE STRASSEN IN RICHTUNG PODELZIG, SEELOW ODER BAD FREIENWALDE. +++ SIE HABEN EINE STUNDE ZEIT. +++ WER DEN ORT NICHT VERLÄSST, RISKIERT SEIN LEBEN UND MUSS MIT EINER GELDSTRAFE RECHNEN.

Das Ganze wiederholt sich so lange, bis das gesamte Dorf beschallt worden ist. Gehorsam setzt sich am Nachmittag ein Tross von Autos in Richtung Westen in Bewegung, selbst ein Traktor nebst Anhänger ist mit dabei.

Auf der Ladefläche ängstigen sich sechs Schafe einer seltenen polnischen Rasse. Kurze Zeit später ist der Ort verwaist, nur das zurückgelassene Vieh rumort vereinzelt in den Ställen.

*

Ortwig. Gehöft Bauer Willmann.

Mit tränenfeuchten Augen sucht die pensionierte Lehrerin Rosel Hirschberg ihre Utensilien zusammen und verstaut Wechselwäsche, Waschzeug, Hauslatschen und ein Handtuch in ihrem Sportrucksack. Den Trainingsanzug vom letzten Yogaabend lässt sie gleich drin. Ausweis, Geld und Reisepass, die EC-Karte und Scheckvordrucke finden sich bereits in der Handtasche. Auch ein paar Käseschnitten und die obligatorische Tüte mit Äpfeln liegen auf dem Küchentisch bereit. Zum Glück kennt sich die wanderfreudige Frau mit spontanen Abreisen aus. Aber heute geht es nicht um eine Fahrradtour ins Grüne. Evakuierung heißt das böse Wort. Die Durchsage macht ihr Angst, höllische Angst. Erinnerungen an das Hochwasser im März 1947 in Kietz kommen hoch: *Damals gab es keine Vorwarnung, geschweige denn Polizei. Das Wasser kam rasend schnell. In der Nacht des Dammbruchs hörte man nur das dumpfe Heranrauschen der eiskalten Welle. Zum Sachen packen war keine Zeit. Die nötigsten Kleidungsstücke hastig übergeworfen flohen sie und ihr Mann in Gummistiefeln zum Bahnhof. Dort hatte sich bereits eine Menschenmenge versammelt. Auf dem hoch gelegenen Bahndamm machte man sich auf den Weg zu den Seelower Höhen. Rosel und Karl fuhren von da aus zu ihrer Mutter nach Falkensee. Erst im Mai kehrten sie nach Kietz zurück.*

*

Nun heißt es fünfzig Jahre später erneut: Alle müssen raus! Rosel schluckt den Kloss im Hals herunter, die Erinnerungswunden von 1947 sind noch nicht verheilt. Wie damals soll sie mit dem Wenigen fliehen, was von Hand transportiert werden kann. Die auf dem Hof zurück bleibenden Haustiere tun ihr leid, um sie kann sie sich nicht kümmern. Sie wüsste nicht WIE, denn mit Tieren kennt sie sich nicht aus. Falls die Hochwasserwelle das Dorf erreicht, müssen Katze und Hühnerschar allein mit der Situation klarkommen.

*

Die freigeistige Rosel, in den zwanziger Jahren der Weimarer Republik geboren, ist von Natur aus eine zähe Frau, sie kennt die harten Zeiten des Krieges und der Not. Bis in den Frühsommer des Jahres 1945 arbeitet sie als Hilfskrankenschwester in einem Prager Lazarett. Dort lernt sie ihren späteren Mann kennen, den kriegsversehrten Wehrmachtsgefreiten Karl. Nach der Hochzeit lässt sich das junge Paar 1946 in Kietz nieder. Karl findet Arbeit auf dem Bahnhof. Seine Frau, eine gelernte Modistin, schneidert auf ihrer Nähmaschine zivile Kleidung aus alten Uniformen. Ihre Kunden sind die Bauernfamilien aus der Umgebung. Bezahlen lässt sie sich mit Eiern, Milch und

Brot, das mildert den Hunger und bessert die schmalen staatlichen Zuteilungen auf. Anfang der fünfziger Jahre ist das Schlimmste überstanden. Sie wagt einen beruflichen Neuanfang, geht zum Studium nach Neuzelle und schult um auf Lehrerin. Deutsch und Russisch sind ihre Hauptfächer. Die Arbeit wird gut bezahlt und sichert die Existenz der mittlerweile vierköpfigen Familie. Bereits in den 80er Jahren steigt sie aus dem Beruf aus, lässt sich vorzeitig pensionieren und widmet sich fortan nur noch ihren Hobbies, dem Radfahren und ihrem Gemüsegarten.

*

Dass die Oder Hochwasser führt, ist nichts Neues für die Menschen im Bruch. Nach der Schneeschmelze im Gebirge, am Oberlauf des Flusses, steigt im Sommer regelmäßig der Pegel. Manchmal steht das Wasser bis kurz unter der Dammkrone. Der Fluss machte schon immer, was er will. Im 18. Jahrhundert befahl *Friedrich der Große* die Trockenlegung des Oderbruchs und die Eindeichung des Flussbettes. Von da an waren die Siedler besser vor Überschwemmungen geschützt. Doch im Sommer `97 ist es mit der Ruhe vorbei. Die Alten im Dorf kramen in ihren Erinnerungen und orakeln, es werde nichts mehr so bleiben, wie es einmal war.

*

Gehöft Bauer Willmann.

Der harsche Abmarschbefehl der Polizei hat Rosel mehr verunsichert, als sie sich eingestehen möchte. Durch die offene Balkontür schaut sie dem Lautsprecherwagen hinterher und schließt alle Fenster. Jetzt steht sie unschlüssig in der Mitte des Zimmers, ihr Blick schweift vom Bett zum raumhohen Bücherregal. Dort angelt sie sich ihr Lieblingsbuch aus der untersten

Reihe. *Hans Falladas KLEINER MANN, WAS NUN?*. Der abgegriffene Roman landet ebenfalls im Fluchtgepäck. Die Fotogalerie über dem Schreibpult bleibt bis auf ein Familienbild unberührt. Auch ihr Lieblingsstück, die selbst gewebte Tagesdecke über dem Bett, muss hierbleiben. Von der Straße her hupt es drei Mal, es ist das vereinbarte Zeichen für die Abfahrt. Das Signal drängt zur Eile, doch sie möchte sich für den Abschied Zeit nehmen. Die Treppe vom Obergeschoss hinunter in die geräumige Wohndiele nimmt sie bewusst ganz langsam Stufe für Stufe. Der Aufbruch soll so lange wie möglich hinausgezögert werden.

*

Rosel bewohnt ein Einlieger-Apartment im Obergeschoß dieses stilvoll renovierten Fachwerkhauses. Vor ein paar Jahren ist sie aus Kietz hierher gezogen. Viele ihrer Radsportfreunde leben in den umliegenden Dörfern. Von hier aus starten sie ihre gemeinsamen Touren ins brandenburgische Umland und nach Polen. Seit ein paar Tagen ist sie jedoch allein auf dem Gehöft. Ihre Vermieter, das Altbauernpaar Fritz und Agathe Willmann, sind vor zehn Tagen in den Bayrischen Wald abgereist. Die jüngste Tochter hat vorgestern ihr erstes Baby bekommen. Nun wollen die Eltern der jungen Mutter im Haushalt zur Hand gehen, denn der frischgebackene Vater ist auf Montage in Ägypten.

*

Unten in der Diele angelt sie im Vorbeigehen noch Anorak und Schal vom Garderobenhaken, nestelt nach dem Taschentuch und schnaubt sich den Kummer aus der Nase. Dann tritt sie aus dem Haus. Kurzer Blick in den leeren Briefkasten, den Schlüssel rein ins Schloss, zweimal herumgedreht und fertig. Auf dem Gehsteig wird sie am wartenden Auto von Bauer Barleben und seiner Frau Beate in Empfang genommen. Die Tränen in ihren Augen bleiben nicht unbemerkt. Gleich nach der Abfahrt lässt Beate ihren Mann nochmal halten und steigt nach hinten um. Tröstend greift sie nach Rosels Händen, indes die Tränen aus beider Augen schießen. Schluchzend schmiegen sich die Frauen aneinander. Nach einer ganzen Weile wird Rosel ruhiger und fängt mit stockender Stimme an, sich ihre schmerzhaften Erinnerungen an die 47er Hochwassernacht von der Seele zu reden.

*

Schmiedewerkstatt.

Der Polizeiwagen fuhr vor ein paar Minuten auch hier vorbei. Domscheit war grad im Keller und hat von der Durchsage nur Bruchstücke verstanden. Nun muss er umplanen. Die Schmiede-Esse bleibt kalt. Sachen packen ist angesagt. Auch das Gold geht, so zerstückelt wie es ist, mit auf die Reise. Für das Umschmelzen der Barren ist jetzt keine Zeit mehr. Mit diebischer Freude konstatiert Gotthilf, dass die Evakuierung des Ortes ihm total in die Hände spielt, besser hätte es nicht kommen können. Denn im Durcheinander des hektischen Aufbruchs war es keinem der Dörfler auffallen, dass die verschenkten Goldbarren aus nutzlosem Messing bestehen. Alle sagten nur „Danke, Danke! Schön, dass du das für uns erledigt hast.“ Auch wird niemand bemerken, dass er den Ort heute auf Nimmerwiedersehen verlässt. Auf ihn wartet die Südsee. Ein breites Grinsen überzieht sein Gesicht.

*

Bauernhof Gohlke.

Hier macht man sich Sorgen, denn Daniel und Raissa sind längst überfällig. Auch für Abwesende gilt die Anordnung zur Evakuierung. Allzu lange wollen die Eltern nun nicht mehr warten. Zum Glück müssen sie sich keine Gedanken um die Unversehrtheit von Wohnhaus und Stallungen machen. Das Jahrzehnte alte Gehöft ist seinerzeit mit allen Nebengebäuden auf einer natürlichen Anhöhe errichtet worden. Ihre Vorfahren hatten wohl schon damals ein Gespür für die nasse Heimtücke des Flusses. Selbst beim extremen 47er Hochwasser behielt der Bauernhof seine trockenen Füße. Grundmauern, Inventar und Tiere blieben unversehrt. Doch das ist lange her.

Vater Gohlke ergeht sich in Vermutungen, wo die jungen Leute wohl abgeblieben sein könnten. Er hat den Verdacht, dass Sohn und Freundin nicht nur zum Benzin und Zigaretten kaufen nach Polen gefahren sind. Es scheint mehr dahinter zu stecken. Denn die beiden haben ihm viel zu oft und ewig lange auf Englisch miteinander gewispert. Auch der grell lackierte *POLSKI FIAT*, den sich Daniel kurzerhand geborgt hatte, nährt die Zweifel des Alten. Mit seiner Frau mag er nicht darüber sprechen. Er weiß, dass sie Bedenken dieser Art ungern teilt. Mutter Gohlke ist hoch zufrieden, ja geradezu glücklich, dass ihnen der Zufall diese hübsche Russin in die Familie schneien ließ. Und schlussendlich ist der geliebte Sohn ein erwachsener Mann, der mittlerweile weiß, was zu tun und manchmal auch besser zu lassen ist. Als sich jedoch zwei Stunden später immer noch nichts getan hat, wird es Zeit für die Eltern, sie brechen allein auf. Das Nötigste haben sie längst im Auto verstaut und eine Nachricht im Briefkasten hinterlassen. Jetzt müssen sie nur noch einsteigen und losfahren. Die sechsköpfige Entenfamilie bleibt auf der Wiese hinterm Haus allein zurück.

*

Schmiedewerkstatt.

Domscheit ist reisefertig, sein Geländewagen steht bereits mit gepackten Sachen draußen auf der Straße. Nur die Kiste mit dem Gold muss er noch verladen, das hat er sich als kleinen Höhepunkt für ganz zum Schluss aufgehoben. Nun wandert er das letzte Mal über sein Grundstück. Umsäumt ist es von einer mannshohen Mauer mit einem Metalltor zur Straße hin. Jenseits der Halle ist der Hof vollgestellt mit altertümlichen Pflügen und Eggen, deren Besitzer jetzt vergeblich auf die Reparatur warten müssen.

Eine alte Drillmaschine steht daneben und unweit davon eine Ansammlung eisenbereifter Räder, wie sie früher für Pferdewagen benötigt wurden. Gotthilf ist sehr stolz auf seine Idee, sich vor ein paar Jahren ein zweites geschäftliches Standbein zugelegt zu haben, den Handel mit Gasen. In wirtschaftlich kargen Zeiten, wenn die Aufträge für die Schmiede ausbleiben, sichert ihm der Verkauf von Propan, Sauerstoff und Azetylen seine Existenz. Nicht nur die großen und kleinen Handwerksbetriebe hier im Landkreis schätzen seinen Service, auch private Haushalte zählen zu seinen Kunden Denn selbst am Wochenende konnte man sich bei ihm mit Brennstoff versorgen. Doch auch mit dem Gashandel ist es ab sofort vorbei. Sein Blick fällt auf die zahlreichen Stahlflaschen unterm Schleppdach gleich neben der Halle. Es müssen mehr als hundert sein. Die stabilen Lagerregale dafür hatte ihm einst ein Seelower Kunde gezimmert. Daneben steht eine Palette mit Brennspiritus, die ihm nicht gehört. Sein polnischer Freund Bronislaw bat

ihn, die preiswert erworbenen 1-Liter-Flaschen so lange aufzubewahren, bis er sie in kleinen Mengen unter Umgehung der Zollbestimmungen über die Grenze schmuggeln kann.
Der Schmied begibt sich ins Haus, um die Sicherungen herauszudrehen und im Keller das Wasser abzustellen. Alle Fenster und Türen sind bereits geschlossen. Selbst das Bett hat er gemacht und die Kopfkissen glatt gezogen. Gotthilf ist ein ordentlicher Mensch. Draußen in der Halle wuchtet er die Kiste mit dem zerteilten Gold auf eine Schubkarre und stellt sie vor das Werkstatttor. Anschließend geht er zur Rückseite des Grundstücks. Dort wird die Mauer von einer niedrigen Pforte unterbrochen. Sie führt auf die Streuobstwiesen des Dorfes. Nur mit Mühe kann sich der wuchtige Mann durch die schmale Pforte quetschen. Von hier aus nimmt er einen sentimentalen Abschiedsblick über die Felder und erinnert sich daran, wie es war, als er kurz nach der Währungsunion ins Dorf kam. Es waren schöne Jahre, doch das ist jetzt vorbei. Über einen Pfad entlang der Mauer erreicht er wieder die Straße. Sein Geländewagen, ein direkt aus Schottland importierter LAND *ROVER DEFENDER*, wird grad von zwei Polizisten kontrolliert.
„Suchen Sie etwas Bestimmtes?", argwöhnt er. „Wir suchen nichts, aber wir fragen uns, was Sie hier noch treiben. Sie müssten schon längst verschwunden sein. Ihre Karenzzeit für die Abfahrt haben Sie um mehr als eine Stunde überzogen!", knurrt ihn einer der Polizisten an und weist mit dem Zeigefinger auf seine Armbanduhr. „Machen Sie sich keine Sorgen, es geht gleich los. Ich habe alle Sachen bereits im Auto", beruhigt ihn der Schmied. „Na dann, nix wie weg!" drängelt der Beamte.

Gotthilf nickt beflissen, aber er denkt zunächst an seine Goldkiste, die noch im Hof steht. Er beschließt, einfach so zu tun, als würde er losfahren, um dann im geeigneten Augenblick zurückzukehren und die Kiste zu verladen. Eilfertig geht er zum Auto, steigt ein und dreht den Zündschlüssel. Der Starter schnurrt, doch der Motor schweigt. Er versucht es mehrmals, aber nichts rührt sich. Die sonst so zuverlässige Maschine bleibt stumm. Der Magnetschalter des Anlassers schafft es nicht, das Ritzel in die Verzahnung der Schwungscheibe zu ziehen. Genervt steigt er aus, öffnet die Haube und schaut in den Motorraum. Mit einem Hammer klopft er behutsam auf das Gehäuse des Anlassers und hofft, dass der Magnetschalter sein gutes Werk noch tun möge. Alles vergeblich. Die Polizisten schauen sich das nicht lange an, sie wollen keine Zeit verlieren. Hilfe heischend heben sie Schultern und Hände: „Wir sind leider keine Autoschlosser, viel Erfolg noch." Flink steigen sie in ihren *LADA* und fahren ab. Domscheit muss sein Problem allein lösen. Er legt sich unter das Auto, in der Hoffnung, dort ein herunterhängendes Kabel oder eine andere Reparaturstelle zu entdecken. Die Suche bleibt ohne Erfolg.

Als es anfängt, sacht zu regnen, kriecht er unter dem Wagen hervor und schaut nach oben. Die Sonne ist hinter den tief hängenden Gewitterwolken verschwunden. Verstummt ist auch das Gezwitscher der Vögel, sie haben sich unter dem Laub der Bäume einen sicheren Platz gesucht. Ein seltsames Schwirren liegt in der Luft, begleitet vom herannahenden Donnergrollen und den zwischen den Wolken hin und her zuckenden Blitzen. Aus dem sanften Niesel wird von einer Minute auf die andere ein mit Graupeln vermischter Starkregen. Die Tropfen knallen ihm so heftig ins Gesicht, dass Domscheit Mühe hat, die

Fahrertür zu erreichen. Indes er pitschnass im Auto sitzt, schlagen unweit die ersten Blitze ein. Er schaltet den Scheibenwischer auf die höchste Stufe, doch die Gummilippen kommen gegen die Wasserflut nicht an. Außer sprühendem Gischt ist jenseits der Frontscheibe nichts mehr zu sehen, nicht einmal die Motorhaube. Der ohrenbetäubende Regen aufs Dach und die extrem zuckenden Blitze rauben ihm die Sinne. Mit einem übermächtigen Wumms wird der *ROVER* überraschend von einem Blitzeinschlag getroffen. Der schwere Wagen schaukelt hin und her, sein Fahrer klammert sich leichenblass ans Lenkrad. Der sonst so angstfreie Mann fürchtet um sein Leben. Mehr intuitiv als bewusst betätigt er nochmals den Zündschlüssel. Der Motor springt sofort an. Dass er nach dem Blitzschlag plötzlich läuft, ist ein kleines Wunder und auch technisch plausibel. Wegen des Gewitterlärms kann Domscheit den Rundlauf der schweren V6-Maschine weder spüren noch hören. Zufällig fällt sein Blick auf den Drehzahlmesser, der ihm achthundert Umdrehungen anzeigt. Er legt den ersten Gang ein und fährt langsam los. Zentimeter für Zentimeter wühlen sich die Räder durch den Schlamm der unbefestigten Straße, während das Unwetter unaufhaltsam weiter tobt. Das Inferno der grellen Blitze mischt sich mit dem vehementen Donner und dem dicht hernieder gehenden Regen. Der Höhepunkt der Katastrophe lässt nicht lange auf sich warten. Magnetisch angezogen von den zahlreichen Stahlflaschen des Gaslagers schlägt eine Serie gewaltiger Blitze in das Werkstattgebäude ein. Sie bringen die Gasbehälter zur Explosion und entfachen ein immenses Feuer auf den Überresten der geborstenen Spiritusflaschen. Die Schmiede mit dem Wohnhaus und das provisorische Gaslager fliegen kurz nacheinander mit einem unfassbaren Knall in die

Luft. Nur knapp entrinnt Domscheit der Druckwelle und den herabregnenden Trümmern und Ziegelbrocken. Vom Blitzeinschlag ins Auto ist er immer noch benommen. Geistesabwesend drückt sein Fuß das Gaspedal bis zum Anschlag, der Sechszylinder heult auf. Die Hände umklammern das Steuer bis die Knöchel weiß werden. Seine sieben Sinne hat er erst wieder beieinander, als der Wagen den Ortsausgang erreicht. Hier beginnt der asphaltierte Abschnitt der Straße in Richtung Gusow-Platkow. Allmählich immer schneller werdend nimmt der Schmied Kurs auf die rettenden Seelower Höhen.

*

Ortwig.

Dem Gewitter folgt übergangslos ein hier seltener Tornado. Was Sturm und Regen dem Dorf nicht anhaben konnten, zerstört seine Urgewalt in wenigen Sekunden. Eine Schneise der Verwüstung zieht sich über den Anger.

Das Denkmal mit der trauernden Mutter und die umgebenden Bäume liegen Kreuz und quer auf der Seite. Die bereits vom Krieg schwer beschädigte Kirchenruine besteht nur noch aus zwei Grundmauern, selbst die eisenschweren Glocken hat es aus ihren Verankerungen gerissen. Die hölzernen Parkbänke finden sich später in den umliegenden Gärten. Der Bauernhof der Gohlkes wird bis auf die tragenden Mauern zerstört. Die drohende Überflutung hätte dem Gehöft nichts anhaben können, dem brachialen Supersturm konnte das Anwesen jedoch nichts entgegensetzen. Wie durch ein Wunder überleben die fünf Enten das Inferno, den toten Erpel holt des Nachts der Fuchs.

*

Vier Wochen später.

Ortwig.

In mehr als zweihundert Meter Entfernung von der zerstörten Schmiede wird der Bauer Georg Höhne die Überreste einer total zerfetzten Schubkarre auf seinem Acker finden. Sie gehörte einst Gotthilf Domscheit und barg eine Holzkiste mit besonderem Inhalt: Neunundvierzig Kilogramm Gold! Von der Explosion in winzig kleine Teilchen zerstückelt, ging der Schatz wie ein glänzender Graupelschauer auf dem Dorf nieder. Der Goldregen landete auf Wegen und Plätzen, wurde in Dachrinnen und Ritzen gespült, erreichte die umliegenden Äcker, gelangte auf Blätter und Zweige und verbarg sich zwischen Grashalmen, Erdbrocken und Moos. Neugierige Kleinsäuger und Reptilien kauten darauf herum, spuckten die Körnchen wieder aus oder verschluckten sie tapfer. Zum Schluss landete das Gold dort, wo es einst hergekommen war. Im Schoß der Erde.

***

Abgesperrt

Mieszkowice.

Daniel dreht das Radio leiser, als sie in die betonierte Zufahrtsstraße zum Flugplatz einbiegen. Stille im Auto. „Was soll das?“, schaut ihn Raissa von der Seite an. Allzu gern hätte sie das Lied *TIME to SAY GOODBYE* von Andrea Bocelli und Sahra Brightman bis zum Ende gehört. Sie liebt diesen getragenen Song über alle Maßen. Indes sie die Hand nach dem Lautstärkeregler ausstreckt, fährt er rechts ran und stoppt: „Sorry! Jetzt machen wir erstmal Schluss mit der Musik. Gleich treffen wir auf deinen Bruder, er wird wissen wollen, was los ist. Wir werden ihm alles haarklein erzählen. Also von deinem Absturz, dem verschwundenen Gold, und wie wir uns die Rückfahrt vorstellen. Was meinst du, wie wird er reagieren?“ „Ich bin mir sicher, er wird sich in das Unvermeidliche fügen. Welche Alternativen hat er denn…, haben wir …? Du wirst sehen, Sergej gibt gern mal den Draufgänger. Aber im Grunde ist er ein vorsichtiger Mensch. Gern versteckt er sich hinter vermeintlichen Bedenken. Am besten ist es, wenn du ihm geradeheraus sagst, wie du dir unseren Plan denkst. Er war lange genug beim Militär und ist es gewohnt, Befehle entgegenzunehmen.“

„Okay. Dann gehen wir mit ihm gleich in die Vollen. Du erzählst ihm, was mit dem Hubschrauber passiert ist, und von mir erfährt er, wie wir euch beide und das Gold nach Deutschland holen werden. Wie bereits besprochen, werde ich zwei Mal fahren. Runde Nummer eins mache ich mit dir und den ersten 25 Barren. Anschließend komme ich sofort zurück, und es folgt Tour zwei mit Sergej und dem Rest.“

„Und wie stellst du dir das an der Grenze vor?“, wirft sie zaghaft ein. „Wie bei der Herfahrt werdet ihr unter die Rückbank verfrachtet. Anders wird es nicht gehen.“ Raissa graust es bei der Vorstellung, nachher schon wieder unter den Sitz kriechen zu müssen. Das harte Straßenpflaster und die Enge hatten ihr ziemlich zu schaffen gemacht. Am schlimmsten war die knappe Atemluft, ein paar blaue Flecken am Hintern waren harmlos dagegen. „Und wo versteckst du das Gold?“ Daniel lächelt: „Ganz einfach. Das Gold wird hinter den Türverkleidungen geschmuggelt, sie sind abnehmbar. Im Hohlraum dahinter ist Platz für jeweils fünf Barren. Der Rest wird unter der Batterie verstaut.“ „ … und zu Hause, bei den Eltern?“ „Vom Gold dürfen sie überhaupt nichts erfahren. Gleich nach der Ankunft verstecken wir es in der Scheune unter der Gerätebox. Danach komme ich mit rein ins Haus, sage den Alten kurz Hallo und düse über die Grenze zurück. Die Rücktour mit Sergej läuft dann wie gehabt.“ Die Russin nickt erleichtert: Ihr deutscher Supermann wird das Kind schon schaukeln.

*

Auf dem Flugplatz.

Wenig später stoppen sie vor der Einfahrt. Arg heruntergekommen sieht es hier aus. Müll liegt herum und zahlreiche Autoreifen verschandeln die Landschaft. Eine simple Kette sichert die verrosteten Torflügel. Die Enden werden von einem einfachen Bolzen gehalten. Wer hier rein will, hat keine Mühe damit. Das früher scharf bewachte Territorium ist zu einem Freizeitpark für jedermann geworden. Flink steigt Raissa aus, öffnet das Tor und winkt ihm, hindurch zu fahren. Wieder im Auto muss sie kurz überlegen, welchen Weg sie vor ein paar Tagen zum Hangar genommen hatten. „Fahr los!“, weist sie mit der Hand geradeaus. Langsam und mit Bedacht nähern sie sich ihrem Ziel, dem Werkstattblock zwischen den Hangars.

Daniel ist aufgeregt, noch nie hat er einen Luftstützpunkt besucht, geschweige denn einen russischen im Ausland. Er ist gespannt, was ihn erwartet. Aufmerksam schaut er sich um, Augen und Ohren sind „auf Empfang". Plötzlich schnuppert er hörbar durch die Nase und kurbelt die Seitenscheibe herunter. Es stinkt nach den frischen Abgasen eines Zweitaktmotors. Kurz zuvor muss ein Moped oder Motorrad hier entlang gefahren sein. „Riechst du das auch?" Lebhaftes Nicken.
Unweit der Werkstatt finden sie unter einer Baumgruppe einen Platz zum Parken. Vor ihnen, ein Stück weit entfernt, bockt grad ein Mann sein Zweirad auf, … die Abgasfahne. Als er den Sturzhelm absetzt, kann Raissa es nicht fassen. Dort steht leibhaftig Vadim, ihr Freund und Helfer in der Not. Sie steckt den Kopf aus dem Fenster, ruft seinen Namen und reißt flink die Autotür auf. Nach wenigen Schritten umarmt sie ihn stürmisch von hinten. Der Belorusse ist wenig erbaut von diesem plötzlichen Freundschaftsbeweis, unwirsch macht er sich los. Überraschende Gäste sind jetzt das Letzte, was hier gebraucht wird. Er hat ganz andere Sorgen, die polnische Polizei ist ihm auf die Pelle gerückt. Man will wissen, was er auf dem Flugplatz so treibt. Kritisch mustert er Daniels grell lackierten *POLSKI FIAT*, studiert das MOL- Kennzeichen und beäugt mit gerunzelter Stirn den herankommenden Deutschen. Raissa stellt die beiden Männer einander vor, nur widerstrebend geben sie sich mit einem gemurmelten *Guten Tag* die Hand.
Noch ehe ein weiteres Wort gewechselt wird, platzt Raissa aufgeregt heraus: „Ja, wo ist denn mein Bruder nun? Er muss doch unser Kommen gehört haben." Vadim ärgerlich: „Du bist gut. Na, das weiß *ICH* doch nicht. Sollte er nicht schon längst in Deutschland sein? *DU* musst doch am besten wissen, wo

sich Sergej grad aufhält. Ich kann dir über ihn nichts sagen … seit eurem Abflug bin ich das erste Mal wieder hier. Hast du etwa Neuigkeiten, von denen ich nichts weiß?“ Raissa ist verdutzt wegen seiner abweisenden Antwort. Schließlich hat sie den Belorussen noch vor ein paar Tagen als freundlich und hilfsbereit kennengelernt. Zweifelnd hebt sie die Schultern und weist in die Runde: „Nein, nein! Sergej muss noch hier sein. Er ist nicht in Deutschland.“ „Was, … noch hier? … nicht in Deutschland! … Na dann gehen wir ihn doch einfach suchen!“, fordert Vadim die beiden zum Mitkommen auf. „Wir schauen erstmal in euer altes Quartier, vielleicht schläft er noch“, marschiert er los, mit der Hand in Richtung Werkstattgebäude zeigend. „Wie geht es eigentlich meinem Hubschrau ….?“, flüstert er Raissa zu, die neben ihm läuft. Doch als sie um die Ecke biegen, bleibt ihm der Satz im Halse stecken. Die Fensterfront der Werkstatt ist von Schüssen durchsiebt, überall Glasscherben und zersplitterte Holzteile. Auch Raissa ist erschrocken. Der Eingangsbereich ist voller Mörtel, überall Patronenhülsen. Ängstlich klammert sie sich an Daniels Arm. Vor ihnen liegen die aus der Mauer heraus gesprengten Torflügel auf dem Betonboden, plattgewalzt wie Tote. Unsicher schaut sie sich nach allen Seiten um und geht gebückt ins Haus hinein. Im Innern des Gebäudes hängt noch der beißende Geruch des Tränengases in der Luft. Die drei halten sich ein Taschentuch vor die Nase und inspizieren die verwüsteten Räume: Umgestürzte Schränke, herausgezogene Schubladen, zertretene Stühle und aufgeschlitzte Matratzen. Unter dem Doppelstockbett an der Wand lugt die braune Sporttasche von Sergej hervor.

Vadim öffnet den Reißverschluss und muss sich aufs Neue wundern. Diesmal ist es nicht die Frage nach Sergejs Verbleib, sondern der Anblick von dessen Waffensammlung. Zwei Pistolen, diverse Handgranaten, Gewehrmunition und ein gewaltiges Nahkampfmesser. Aufmerksam schaut er zu den anderen hinüber und schiebt die Tasche weit nach hinten wieder unters Bett.

Die Suche nach dem Bruder bleibt ergebnislos, weit und breit ist kein Mensch zu sehen oder zu hören. Zurück auf der Straße rufen sie im Chor seinen Namen. Stück für Stück wird die nähere Umgebung abgesucht. Alles vergeblich; keine Spur; geschweige denn ein Lebenszeichen. Nur die umherflatternden Elstern machen Rabatz und bekunden mit aufgeregtem Keckern ihren Ärger über die ungebetenen Gäste.

Raissa ist erschüttert. Angesichts der Verwüstungen und der Einschüsse ringsherum befürchtet sie das Schlimmste für Sergej. Sie sorgt sich ernsthaft um sein Leben. Aus der Heimat weiß sie, dass russische Sicherheitskräfte in der Regel kurzen Prozess machen mit den sogenannten Feinden des Staates. Um sich zu beruhigen, geht sie ein paar Schritte zur Seite und zieht ein Taschentuch hervor. Die Männer sollen ihre feuchten Augen nicht sehen. Das bleibt Daniel nicht verborgen. Spontan nimmt er sie in den Arm und küsst ihr die Stirn. „Ach Sergej, mein Sergej … !“, schluchzt sie und kann den Strom der Tränen nun nicht mehr halten.

Stumm steht Vadim mit betretenem Gesicht daneben. Minutenlang verharrt die kleine Gruppe wortlos beieinander, jeder hängt seinen Gedanken nach. Mit einem kräftigen Schnäuzer ins Taschentuch löst sich Raissa aus der Umarmung, zieht die Schultern hoch und hebt den Kopf. Die Russin hat sich wieder gefangen und nimmt Haltung an. Schluss mit dem Jammern, sie will nicht länger getröstet werden. Mit der Hand weist sie auf eine kleine Baumgruppe jenseits der Startbahn. Dort kann man sich auf herum liegende Holzkloben hocken. „Wir gehen dort rüber!“, bestimmt sie kurz und knapp. *Ab sofort ist sie wieder die coole Pilotin. Schwierige Situationen wie heute hat sie nicht nur einmal erlebt. Stets hieß es dann, kühlen Kopf zu bewahren! Die Gefühle müssen draußen bleiben.*

Auf dem zersägten Baum machen sie es sich, so gut es geht, bequem. Raissa und Daniel teilen sich einen Klotz. Vadim sitzt auf dem Erdboden und lehnt mit dem Rücken am Stamm. Die Russin schaut von einem zum anderen: „Wie ist eure Meinung zu Sergejs Verschwinden. Was schlagt ihr vor? Wie und wo wollen wir weitermachen?“ Daniel zuckt mit den Schultern und schweigt. Er hat keine rechte Meinung dazu. Umso empörter gebärdet sich Vadim: „Was ist eigentlich los mit euch? Schenkt mir doch mal reinen Wein ein. Ein gestandener Mann wie Sergej wird doch nicht einfach so - quasi mir nichts dir nichts – verschleppt.“ Raissa schaut Antwort heischend auf Daniel. Was soll sie Vadim sagen? Ihr Freund schüttelt nur den Kopf. Er hat keine Idee, was man tun könnte. … hier im fremden Land, … der Sprache nicht mächtig, … die Suche nach einem Menschen, den er nicht kennt.

„Wir sind auf der Flucht vor der russischen Polizei, weil wir Staatseigentum veruntreut haben. … Goldbarren“, setzt sie kleinlaut hinzu. „Veruntreut heißt, ihr habt das Gold gestohlen?“ Sie nickt. „War es viel …?“ „ … sehr viel! Die erste Hälfte ist bereits … besser gesagt war schon in Deutschland. Sergej hatte hier noch den zweiten Teil in seiner Obhut, insgesamt fünfzig Kilogramm.“ „Das ist `ne Menge.“ „Da hast du recht. Deshalb sind ja Daniel und ich hier. Wir wollten Sergej und das Gold nach Deutschland holen. Aber das hat sich wohl erledigt, das Nest ist leer Nun weißt du Bescheid, mehr kann ich dazu nicht sagen."

Verärgert zieht Vadim die Augenbrauen hoch und steht mit einem Ruck auf: „Liebe Freunde! Eines muss ich euch sagen. Ich kann, und ich will euch nicht weiter helfen, weil …." Noch ehe er den Satz beenden kann, fällt ihm Raissa harsch ins Wort: „Wir haben dich nicht um Hilfe gebeten. Denk dran, hier auf dem Gelände treffen wir uns heute rein zufällig … und vergiss nicht! Für deinen alten Hubschrauber bekamst du unser schönes Auto. Wir sind quitt. Leider ist dein Heli total zerstört, wir sind mit ihm abgestürzt. Deine Technik hat toootaaal versaaagt!", schnauzt sie ihn an.

„ … abgestürzt … Technik hat versagt?", stammelt Vadim und beendet seinen angefangenen Satz von soeben. „ … mit Kidnapping und geklautem Gold will ich nichts zu tun haben. Mir sitzt die polnische Polizei im Nacken. Sie wollen wissen, was ich hier auf dem Flugplatz so treibe. Man will mich nach Belorussland abschieben, falls ich nicht kooperiere. Das wäre furchtbar! … für meine Frau, … für mich und überhaupt. Deshalb verschwinde ich sofort von hier. Machts gut ihr beiden! Wir sehen uns hoffentlich nicht wieder."

Überrascht von dieser Vehemenz schauen sie ihm betroffen hinterher. Doch nun passiert etwas Sonderbares. Denn Vadim geht nicht zu seinem Moped, sondern schwenkt nochmal ab in die Werkstatt. Was er dort tut, können sie von ihrem Platz aus nicht sehen. Erneut schaut er dort in jeden Winkel und zerrt schließlich Sergejs Sporttasche unter dem Bett hervor. Rasch geht er damit zu seinem Zweirad, verstaut die Tasche auf dem Gepäckständer und tuckert ohne sich noch einmal umzudrehen

davon. Wenig später ist er hinter den Nachbarhangars verschwunden.
Raissa schüttelt verständnislos den Kopf. Auf Daniels erstauntem Gesicht liest sie die Frage: *Was ist wohl in dieser Sporttasche drin? Es scheint etwas Wichtiges zu sein.* Mit der Hand zeigt sie dem Abfahrenden hinterher: „In der Tasche befindet sich Sergejs Waffensammlung, also Pistole, Handgranaten und allerlei Zeugs für den Nahkampf. Was Vadim damit anstellen will, kann man nur ahnen. Vermutlich will er seine Familie schützen. Die Angst vor einer Abschiebung steckt ihm, so scheint`s, tief in den Knochen ....“
„Wo hat denn dein Bruder den Waffenkram her?“ „Er hat in Afghanistan gekämpft.“ *Sergej ....? Afghanistan ....? Der Geheimnis umwitterte Bruder ....?* Daniel fehlen die Worte. *Was sind doch diese Russen für ein seltsames Volk? Ohne Krieg geht's bei denen wohl nicht.* Er wiederholt seine Frage von vorhin: „Was unternehmen wir jetzt für Sergej?“ Raissas Antwort ist überraschend eindeutig: „Wir machen nichts, weil wir nichts machen *KÖNNEN*. Ich frage dich! … ganz ernsthaft. Wie und wo sollten wir denn hier in Polen anfangen, nach ihm zu suchen? Meine einzige Hoffnung ist, dass er noch lebt.“
Daniel ist skeptisch. Er teilt diese Hoffnung nicht, doch wohlweislich schweigt er. Seine Zweifel sieht sie ihm an: „Du musst wissen! … Sergej ist ein kampferfahrener Soldat. Er war Offizier und kennt viele Tricks. In seiner Jugend hat er sogar mal die Krim-Meisterschaft im Tieftauchen gewonnen. … Vielleicht? … ganz bestimmt gelingt es ihm zu fliehen.“ Bekümmert verzieht sie ihr Gesicht: „Das Gold allerdings werden wir wohl nicht wiedersehen .... Ach egal. Los komm, wir fahren zurück!“ Sie steht auf und zieht ihn von seinem Platz hoch.

Er bekommt ein aufmunterndes Küsschen auf die Wange. Wieder im Auto, macht er als erstes das Radio laut. Breit lächelnd schaut er sie an und kramt eine Landkarte aus dem Handschuhfach: „Bis zum Grenzübergang Hohenwutzen sind es nur dreißig Kilometer, das schaffen wir in einer halben Stunde. Mach dich schon mal bereit für dein Versteck unter der Rückbank!“

*

Sie passieren das Stadtgebiet von Mieszkowice und lassen die Maisfelder links und rechts hinter sich zurück. Plötzlich vermindert er das Tempo. Vor ihnen schaukelt am Straßenrand ein wackliges Warndreieck im Wind. In Sichtweite steht ein Lieferwagen mit blinkenden Warnleuchten quer auf der gegenüber liegenden Fahrbahn. Beim Näherkommen wird nahe einer Baumreihe ein zweites Auto sichtbar. Einen roten *RENAULT* hat es entschärft, er liegt kopfüber im Straßengraben. Sie steigen rasch aus und nähern sich der Unfallstelle. Kein menschlicher Laut ist zu hören, nur der Wind säuselt in den Bäumen. Zunächst nehmen sie sich den PKW vor. Bug und Heck sind arg zerbeult, alle vier Türen stehen sperrangelweit offen. Die Frontscheibe ist zerschmettert, auch die Airbags wurden ausgelöst. Das weiße Luftkissen auf der Fahrerseite weist unübersehbare Blutspuren auf. Ganz sicher gab es Verletzte, die ins Krankenhaus gebracht wurden. Alle Betroffenen hatten es wohl sehr eilig. Der Wagen ist leer, weder Menschen noch Gepäck sind zu sehen. Die neugierige Raissa schaut sich kurz nach allen Seiten um und kriecht hinein, sie hofft, irgendetwas Wichtiges zu finden. Daniel schüttelt darüber nur den Kopf, aber kümmert sich nicht weiter um sie. Stattdessen geht er zu dem anderen Auto hinüber, einem Kleintransporter mit polnischem Kennzeichen. Wie es aussieht, hat das robuste Fahrzeug den Unfall relativ glimpflich überstanden. Die Frontseite ist zwar stark eingedrückt, aber ansonsten sind keine Blechschäden erkennbar. Zwischen den Vorderrädern hat sich eine große Lache aus Kühlwasser gebildet. Ein sicheres Zeichen dafür, dass auch dieser Wagen abgeschleppt werden muss. Die Fahrerkabine ist leer, wider Erwarten steckt der Zündschlüssel. Er geht um den Transporter herum und inspiziert alle Türen. Vergeblich versucht er sie zu öffnen. Auch die Heckklappe ist fest verriegelt. Hier ist nichts weiter zu machen. Er geht den Weg zurück, da kommt ihm Raissa bereits entgegengerannt. Aufgeregt winkt sie ihm zu und wedelt mit einer Damenhandtasche. Als sie hastig atmend vor ihm steht, nestelt sie daraus diverse Ausweise hervor, darunter einen dunkelroten Pass. Sie setzen sich ins Auto und begutachten den Fund. Daniel greift zunächst nach dem Pass. Auf dem Deckel steht ganz oben in silbernen Prägebuchstaben *RZECZPOSPOLITA POLSKA*, darunter ein stilisierter gekrönter Adler und ganz unten *PASZPORT*. Das Dokument weist die Polin Agnieszka Furnalska als Inhaberin aus, geboren am 28. Oktober 1964 in Poznan. Gültig ist der Pass bis 2002. Das Foto zeigt eine hübsche Frau mit schmalem Gesicht und halblangen Haaren. Seite für Seite durchblättern sie den Pass von hinten nach vorn und von rechts nach links. Wie die zahlreichen Stempel zeigen, ist Frau Furnalska schon tüchtig in der Welt herumgekommen. Daniel hat genug gesehen. Mit dem Ellbogen stupst er ihr unvermittelt in die Seite. „Bitte dreh den Kopf kurz zu mir." Raissa tut wie geheißen, und spitzt in Erwartung eines Kusses die Lippen. „Nein, nein jetzt wird nicht geküsst, mir fällt grad etwas ein." Ehe sie etwas sagen kann, hält er die aufgeschlagene Seite mit dem Passfoto neben ihren Kopf. Mit verstellter Stimme fistelt er einen Zauberspruch: „Abrakadabra! Bäumchen, Bäumchen wechsle dich. Aus Raissa werde Agnieszka.” Mit der Hand schlägt er ein imaginäres Kreuz vor ihrem Gesicht: „Simsalabim und herzlich willkommen in Ihrer neuen Identität Frau Furnalska.” Als sie den Pass neben ihrem Gesicht spürt, ahnt sie bereits, worauf es nun hinauslaufen würde. Sie spielt sein Spiel bis zum Ende mit und macht mit einem gewaltigen Jauchzer ihrer unbändigen Freude Luft. Die beiden liegen sich in den Armen und küssen sich die Wangen rot. *Na so ein Zufall, das gibts doch nicht: Mit Hilfe eines einfachen Passdokuments ist aus der illegalen Russin eine waschechte Polin geworden. Sie darf reisen, wohin sie will, und wird sich an der Grenze nicht mehr unter einer bescheuerten Rückbank verstecken müssen. Hurra!* Daniel löst sich aus der Umarmung. „Los, jetzt nichts wie weg von hier, noch ehe die Polizei aufkreuzt.” Auf dem Weg zum Grenzübergang paukt Raissa die Fakten ihrer neuen Identität und streicht ihre Haare auf Ähnlichkeit mit dem Foto zurecht. Die optische Metamorphose in eine Polin gelingt binnen weniger Minuten. Bei der Sprache jedoch, da hapert es noch.

*

Ein paar Kilometer vor dem Grenzübergang Hohenwutzen taucht vor ihnen die majestätische Oderbrücke auf. In wenigen Minuten werden sie wieder in Deutschland sein. Doch da, wo es nach links in die Heimat geht, und rechts die Chaussee in Richtung Chojna führt, stehen quer auf der Straße rot weiße Absperrgitter. Daneben haben sich ein paar aufmerksame Polizisten aufgebaut. Auf einem provisorischen Schild steht in großer Schrift auf Polnisch und Deutsch:

Nie przekraczać! Durchfahrt verboten! Hochwassergefahr! Etwas kleiner darunter: *Wegen des Hochwassers ist auch der Grenzübergang Küstrin geschlossen. In Richtung Deutschland nutzen Sie bitte die Übergänge Schwedt oder Frankfurt/Oder.* Daniel ist verblüfft, damit hat er nicht gerechnet. Die Rückreise wird nun deutlich länger dauern. Aber was hilft`s, man muss sich in das Unvermeidliche fügen.

*

Grenzübergang Stadtbrücke.

Während sie sich in Slubice in die Autoschlange in Richtung Frankfurt einreihen, steigt die Anspannung im Wagen ins Unermessliche. Besonders Raissa ist aufgeregt. Wenn der Schwindel mit der falschen Identität bei der Passkontrolle auffliegt, ist sie geliefert. Ganz sicher würde man sie verhaften und anschließend nach Russland abschieben. Dort drohen Verurteilung und Lagerhaft.

Daniel könnte sich zur Not herausreden, nur eine Anhalterin mitgenommen zu haben. Aber auch er steht jetzt gewaltig unter Strom. Die größte Gefahr droht für den Fall, dass ihr der polnische Grenzbeamte eine Frage stellt, die sie weder versteht noch beantworten kann. Denn bis auf *BITTE* und *DANKE*, kennt sie kein Wort auf polnisch. Als nur noch drei Autos bis zum Kontrollpunkt vor ihnen stehen, hat Daniel, wie so oft, die rettende Idee: „Pass auf meine Liebe. Sobald ich dem Kontrolleur Ausweis und Pass hinreiche, fängst du an, dich ganz mächtig zu erbrechen.” Er reicht der entgeisterten Raissa eine Plastiktüte aus dem Handschuhfach: „Steck dir jetzt gleich den Finger in den Hals und fange schon mal an zu würgen. Wenn wir in seiner Höhe sind, musst du richtig loslegen. Kriegst du das hin?” *Wenns weiter nichts ist.* Und schwupps steckt ihr Zeigefinger im Rachen. Die Reaktion ist so unvermittelt wie heftig. Mit dem Erbrochenen entlädt sich nicht nur ihr Mageninhalt, es ist auch die Anspannung dieser Tage. Daniel kurbelt das Fenster herunter und gibt dem Grenzbeamten die Dokumente, sogleich entweicht dem Auto eine sauer riechende Wolke. Ohne einen Blick in die Ausweise zu werfen, gibt er sie angeekelt zurück und verlangt mit herrischer Geste, die Kontrollstelle schnellstens zu verlassen. Geschafft! Raissa wirft die Tüte aus dem Auto und wischt sich den Mund sauber. Jetzt einfach mal zurück lehnen, die Augen schließen und tief durchatmen. Die Russin fragt sich auch in diesem Moment, wie es ihr wohl ginge ohne ihren deutschen Freund? Vermutlich würde sie in irgendeiner Polizeizelle schmoren. Daran mag sie überhaupt nicht denken. Russland und Polen kann sie jetzt hinter sich lassen, auch wenn ihr der Abschied von der Heimat schwer fällt Doch ihre Zukunft hat jetzt einen Namen: DANIEL. Sie strahlt vor Freude, denn sie wusste es von Anfang an. *Er ist und bleibt einfach ihr Held!*

*

Radio.

Nachdem sie den Grenzübergang hinter sich gelassen haben, macht Daniel auf seine Bedürfnisse aufmerksam: „Gleich hinter der Stadtbrücke, dort rechts rein, gibt es einen super McDONALD`S. Ich habe einen Bärenhunger und könnte auch eine eiskalte Cola sehr gut vertragen." „Gute Idee, dann kann ich mich auf der Toilette ein wenig frisch machen", stimmt Raissa zu. Das Schnellrestaurant hat nur wenige Besucher zu dieser Stunde, die beiden suchen sich unter den zahlreichen freien Tischen den besten Platz am Fenster. Nach der strapaziösen Brechattacke trinkt sie Tee und knabbert an einem

Keks. Daniel verzehrt den größten Burger, der hier zu haben ist, und gönnt sich einen Riesenbecher der braunen Brause. Ihr im Flüsterton geführtes Gespräch dreht sich um den gefundenen Reisepass, die neue polnische Identität, Sergejs Schicksal und Raissas Zukunft in Deutschland. Deshalb verfolgt Daniel den Nachrichtenüberblick von *ANTENNE BRANDENBURG* nur mit halbem Ohr. Ihm entgeht das Interview mit dem Landrat des Kreises MOL. Dieser berichtet von der Evakuierung des Oderbruchs. Wenig später sitzen sie wieder im Auto. Über die Bundesstraße 112 nehmen sie Kurs in Richtung Heimat. Auf dem Weg dorthin wartet bereits die nächste Überraschung. Es wird an diesem Tag nicht die letzte sein. Am Ortsausgang von Podelzig, dort wo es hinunter geht ins Oderbruch, stehen Polizisten auf der mit Gittern abgesperrten Straße. Auch hier weisen große Schilder darauf hin, dass die Weiterfahrt wegen drohender Dammbrüche und Überflutungen verboten ist. Die Region ist komplett abgeriegelt.

*

Wieder im Oderbruch.

Unter größten Schwierigkeiten gelangen sie auf Nebenstraßen und unbefestigten Feldwegen über Lebus, Mallnow und Zechin zurück nach Ortwig. Das Dorf ist menschenleer. Regen und Sturm haben inzwischen aufgehört, die letzten Wolken ziehen gerade ab. Mit schreckgeweiteten Augen passieren sie die vom Tornado durch die Dorfmitte geschlagene Schneise und fahren, den umgestürzten Bäumen im Zickzack ausweichend, in Richtung Ortsausgang. Dorthin, wo der stolze Vierseithof der Gohlkes einst stand. Je näher sie dem Gehöft kommen, desto langsamer wird das Auto. Wo bis vor kurzem das Dach von Wohn-

haus und Stallungen glänzte, gähnen jetzt dunkle Höhlen in den Himmel. Mit schweißnassen Händen umklammert Daniel das Lenkrad, Raissa hat sich in ihrem Sitz zusammengekrümmt. Die beiden wähnen sich in einem Endzeitfilm, derweil sie vor den Überresten des Bauernhofs zum Stehen kommen. Behutsam, als könnte selbst das geringste Geräusch, der kleinste Windhauch einer sich öffnenden Autotür das Desaster vergrößern, steigen sie aus. Ihnen stehen die Tränen in den Augen. Eng umschlungen verharren sie auf der Trümmer übersäten Straße, bang schmiegt sie sich an seine Brust. Dort stehen sie, unfähig, auch nur ein Wort zu sagen.
Vor ihnen breitet sich ein Ort des Schreckens aus: Sämtliche Fenster und Türen hat der Orkan aus der Halterung gerissen und auf den umliegenden Äckern niedergehen lassen. Die Dachziegel des Wohnhauses wird man später entlang der Straße finden. Traktor und Anhänger wurden vom Sturm in die Scheunenwand gedrückt. Dachbalken und Dielenbretter liegen kreuz und quer auf dem Innenhof. Daniels großer Fernseher klemmt im Geäst eines Apfelbaums im benachbarten Gemüsegarten. Lediglich die aus Natursteinen gemauerten Außenwände und die wuchtige Toreinfahrt haben der Gewalt des Tornados widerstanden. Der einstmals tipptopp gepflegte Bauernhof hat sich in eine unbeschreibliche Trümmerwüste verwandelt. Minuten später gibt sich Daniel einen Ruck und macht Anstalten hineinzugehen, doch Raissa will, dass er bei ihr bleibt und krallt sich an seinem Ärmel fest. Sie hat Angst, dass ihm etwas passiert. Ein herabfallender Stein, eine einstürzende Wand oder ein unsichtbares Loch in der Kellerdecke. Er macht sich behutsam los und durchstreift, mit weiten Sprüngen den großen Pfützen ausweichend, die Ruine. Nichts ist mehr so, wie es mal

war. Diese Bilder vom Zusammenbruch wird er auf ewig im Gedächtnis abspeichern. Ihm schwant, dass sich hier eine Pforte für immer geschlossen hat. Das Tor in die Zukunft wird er noch öffnen müssen. Am Ende des Rundgangs arbeitet er sich dorthin vor, wo einst sein geliebtes Amerika-Zimmer war. Doch der Raum, den die Mutter früher nur Danis Spielwiese nannte, ist jetzt zu einem Mörtel verdreckten Rechteck geschrumpft, einzig von Frontmauer und Giebelseite umrandet. Hier gibt es keine Decke mehr, hier kann man nur noch den Himmel sehen. Daniel schaut sich um, in der Hoffnung, noch irgendetwas aus den Trümmern retten zu können. Als sein Blick auf ein Reklameschild an der Wand fällt, umspielt ein Lächeln das Gesicht. Abgebildet ist auf dem Blech der Highway seiner Träume, die *ROUTE 66.* Sie schlängelt sich westwärts von Chicago bis nach Kalifornien. Gleich darunter ein 60er-Jahre-Chrysler, das Wunschauto für einen Urlaub in den USA. Im Schutz der Zimmerecke hat unter einem Berg von Ziegelbrocken seine grüne Bauerntruhe das Inferno überlebt. Der Großvater schenkte sie ihm mit neunzehn zur bestandenen Facharbeiterprüfung.

Darin aufbewahrt werden Polenböller, ein Pornomagazin aus Dänemark, 85 US-Dollar in Münzen und Scheinen, eine ausgediente Parabellum-Pistole aus Weltkrieg 1 sowie eine Spiegelreflex-Kamera von *PENTACON.* Der Schlüssel für die Truhe ist mit Klebeband unterhalb des Bodens befestigt. Er hockt sich nieder und schließt auf. Beim Hochklappen des Deckels schreckt er kurz zusammen, denn hinter ihm rumpelt es vernehmlich. Es sind keine herabfallenden Ziegel, es ist Raissa, die angeschnauft kommt. Sie folgte ihm, weil sie im Auto nicht

länger allein sein mochte. Jetzt kniet sie Schulter an Schulter neben ihrem Freund, begierig zu erfahren, was die Truhe an Schätzen so enthält. Doch außer einem sauber gefalteten Tuch, das den Inhalt verdeckt, ist nichts weiter zu sehen. „Was bewahrst du da drin auf?"
„Nix Besonderes, Jugenderinnerungen halt."
„Na lass doch mal sehen."
„Finger weg, das ist nichts für dich." Er verschließt den Deckel und rückt die Truhe von der Wand weg. „Komm fass mit an, wir stellen das Ding ins Auto." Auch das Blechschild an der Wand schraubt er ab. Als sie wieder im Wagen sitzen, bleibt sein Blick an der gemauerten Einfahrt hängen. Am rechten Pfeiler baumelt, von der letzten Schraube grad noch so gehalten, der Briefkasten. Eine innere Stimme flüstert ihm zu, dass dort eine Nachricht der Eltern auf ihn wartet. Er steigt nochmal aus und richtig! Auf einer herausgerissenen Heftseite stehen ein paar hastig hingekritzelte Zeilen:

Hoffentlich geht es Euch gut. Wir können nicht länger warten und fahren jetzt los. Fragt im Kulturhaus Seelow nach uns.

Liebe Grüße von Mutti und Vati

Noch etwas fällt ihm ein. Gleich nach der Wende prahlte der Vater gern damit, dass er für den Bauernhof eine gut dotierte Versicherung gegen Gebäudeschäden beschaffen konnte. Sie stammte zwar aus DDR-Zeiten, war deswegen aber umso wertvoller. Ein kurz vor der Rente stehender Bezirksdirektor der *ALLIANZ* hatte sein Käuferauge auf den historisch wertvollen Vierseithof geworfen. Er hoffte wohl, ihn eines Tages erwerben zu können. Deshalb stellte er sich gut mit dem alten Gohlke und sorgte dafür, dass seine Gesellschaft den Hof überproportional gegen Elementarereignisse absicherte. Allerdings musste der Alte im Gegenzug umfangreich in Brandschutz und Elektroanlage investieren. Das Geld dafür beschaffte er sich mit Hilfe einer cleveren Finanzberaterin. Der Frau gelang es, diverse Fördertöpfe von Bund und Land für den sogenannten *Umbau und die Erhaltung des ländlichen Raums* anzuzapfen. Diese Story geht Daniel jetzt durch den Kopf. Er holt die Kamera aus dem Kofferraum und fotografiert zur Beweissicherung die schlimmsten Zerstörungen an Haus und Hof. Der Film reicht gerade noch für zwölf Fotos. Besser als nichts, sagt er sich. Zufrieden mit seiner Eingebung setzt er sich wieder ans Steuer. Die Fahrt geht ab in Richtung Seelow, dort warten sicher schon die Eltern. Derweil sie den Gusower Berg hochfahren, ist Raissa auf ihrem Sitz friedlich eingeschlummert.

***

Filmtricks

Prag. Barrandov-Filmstudios.

Im April 1997 sitzen im Besprechungsraum von Studio 3 der französische Regisseur Maurice Gainsbourg und seine beiden Assistentinnen am Tisch und blättern in einem Drehbuch. Es ist das Skript für den Abenteuerfilm *MUTANTEN DER TIEFSEE.* Der Film ist so gut wie abgedreht, es fehlen nur noch die Action-Szenen auf dem Wasser. Geplant ist, sie auf der Ostsee und im Hafen von Swinemünde zu drehen. Die Story des Films ist sehr überschaubar: *Wir schreiben die 1980er Jahre. Ein sowjetisch-amerikanisches Team von Ozeanographen und Meeresbiologen soll im Auftrag eines Telefonkonzerns ein Rudel bisher unbekannter Wesen in der Tiefsee aufspüren. Diese Kreaturen werden für die massenhafte Zerstörung von transatlantischen Unterwasserkabeln verantwortlich gemacht. Darauf weisen zahlreiche Indizien hin, insbesondere überdimensionale Bissspuren. Die Telefonverbindungen zwischen Europa und dem amerikanischen Doppelkontinent sind durch diese Angriffe empfindlich gestört. Für die Suche nutzt das Expeditionsteam ein eigens für solche Zwecke konstruiertes Unterwasserschiff, es kann mehr als zweitausend Meter tief tauchen. Während die Amerikaner davon ausgehen, dass es sich um Aliens handelt, die vor Jahrhunderten aus fremden Galaxien auf der Erde landeten, vermuten die Sowjets atomverseuchte Pottwal-Mutanten hinter den Angriffen.* Um die Filmstory aufzupeppen, hat der Drehbuchautor eine zusätzliche Nebenhandlung entwickelt, die sich um Drogen- und Waffenschmuggel vor der Iberischen Halbinsel dreht.

*

In wenigen Minuten erwartet Gainsbourg weitere Mitarbeiter seines Teams zur Lagebesprechung, auch Vertreter der polnischen Hafenbehörde werden anwesend sein. Es ist höchste Zeit, sich über die Wasserszenen einig zu werden. Der Film soll vor Weihnachten in die Kinos kommen. Ursprünglich war geplant, in einem französischen Hafen an der Biskaya zu drehen. Doch wegen der hohen Produktionskosten vor Ort und der extremen Gezeiten des Atlantiks war man schließlich an die polnische Ostseeküste ausgewichen. Dramaturg, Szenenbildner und der Controller der Produktionsgesellschaft betreten pünktlich den Raum. Wenig später stoßen auch der Chef des italienischen Stuntteams und der Technische Direktor des Hafens hinzu. Nach kurzer Begrüßung kommt Gainsbourg sofort zur Sache. Auf dem Tisch ausgebreitet liegt ein großformatiger Plan des Hafengeländes von Swinemünde. Sehr markant sind die beiden Molen, die das Hafenbecken in Richtung Ost und West gegen die See abschirmen. Die Spanierin Rebecca, eine der beiden Assistenzen, schaltet den Beamer ein und erläutert, wie der Drehbuchautor die vorgesehenen Actionszenen beschreibt:

Ort der Szenerie ist ein Hafen an der französischen Atlantikküste. Aufgrund eines heranziehenden Sturmtiefs sind alle Ankerplätze dicht besetzt. Festgemacht haben Schiffe aus aller Herren Länder. Darunter sind Fischkutter, Küstenfrachter, hochseetüchtige Privatjachten, ein Minensuchboot der spanischen Marine, diverse Ausflugsdampfer und eine Vielzahl von Hobbyschiffen. Aus der Armada heraus ragt ein schnittiger Katamaran des französischen Grenzschutzes, auffällig lackiert in maritimen Tarnfarben. Man sieht dem Schiff schon von Weitem an, dass es von seinen Konstrukteuren auf Höchsttempo getrimmt worden ist. Bekämpft wird damit der internationale Waffen- und Drogenschmuggel vor der französisch-spanischen Küste. Schiff und Mannschaft sind schwer bewaffnet. Die ausfahrbaren Schnellfeuerkanonen an Bug und Heck befinden sich gut getarnt unter Deck. Auf der anderen Seite des Hafenbeckens liegt das Tauchboot der Mutantenjäger fest vertäut an der Westmole.

*

Anschließend erläutert die zweite Assistentin die geplanten Actionszenen. Sie sucht den Blickkontakt zum Chef der Stuntcrew, der grad mit dem Controller wispert. Von ihm benötigt sie jetzt seine gesamte Aufmerksamkeit. Erst als er ihr beruhigend zunickt, beginnt sie mit ihren Ausführungen. Mit Bedacht jedes Wort wählend liest sie langsam vor:

Vorgesehen sind Schießereien, Handgemenge, Prügelszenen und rasante Bootsfahrten. Im Mittelpunkt der Stunts steht der Katalane Ramon Perez, er ist der stellvertretende Logistikchef eines internationalen Drogenkartells. Auf hoher See ist er am Vortag auf seinem als Fischkutter getarnten Kommandoboot festgenommen und auf den Katamaran des Grenzschutzes verbracht worden. Wegen eines heranziehenden Sturmtiefs muss das Schiff anstelle des Militärstützpunktes jedoch den nächst-gelegenen Fischereihafen anlaufen. Den Gefangenen hat man in einer Arrestzelle unter Deck eingesperrt. Ramons Funker war es im letzten Augenblick gelungen, den an Land wartenden Clanmitgliedern zu übermitteln, wie und wo ihr Chef verhaftet worden ist. Sofort werden in der Hafenstadt alle Hebel für seine Befreiung in Bewegung gesetzt. Lt. Drehbuch beginnt die Aktion, als Ramons bewaffnete Helfer unbemerkt auf das Schiff gelangen und sich zu seiner Zelle vorarbeiten können. Zur Tarnung tragen sie dieselbe Uniform wie die Polizisten an Bord. Vor der Zelle gibt es ein wildes Handgemenge und einen Schusswechsel mit der Wache. Infolge dessen wird Roman Perez von einem Streifschuss getroffen. Er kann jedoch aus der Zelle herausgeholt und an Deck geführt werden. Zwei Polizisten der Besatzung, die sich ihnen auf der Gangway in den Weg stellen, macht man mit Pfefferspray kampfunfähig. Die Waffen werden ihnen abgenommen. Oben klettert Perez, mit einer Pistole wild um sich feuernd, über die Bugreling und springt von dort ins Hafenbecken. Seine Begleiter geben ihm Feuerschutz und sichern ihn nach hinten ab, anschließend springen sie hinterher. Unten wartet im Schatten der Doppelrümpfe bereits das wendige Fluchtboot der Befreier. Blitzschnell werden alle an Bord gezogen und werfen sich im Kugelhagel der Schiffsbesatzung sofort auf den Boden. Mit hoher Geschwindigkeit entfernt sich das Boot und verschwindet zwischen den ankernden Schiffen. Den zurückbleibenden Wachen bleibt nichts weiter übrig, als den Flüchtenden wütende Salven aus ihren Schnellfeuergewehren hinterher zu jagen.

Mit einem „Klappe! Szenenwechsel!“, beendet sie ihren Vortrag, blickt kurz in die Runde und legt das Skript zur Seite. Der Dramaturg bittet um Meinungsäußerungen. Die Antwort des Chefs der Stuntcrew ist kurz und knapp: „Kein Problem, so etwas machen wir nicht zum ersten Mal. Natürlich brauchen wir noch ein zwei Probedrehs auf dem Katamaran. Auch die Dialoge müssen wir checken.
Frage! Wie sieht‘s aus mit ein paar akrobatischen Extras, geht das?“ Sofort grätscht der Controller der Produktionsgesellschaft dazwischen: „Dafür gibt es keinen Cent mehr. Aber wenn das Budget eingehalten wird, könnt ihr euch nach Belieben austoben.“ Gainsbourg lächelt nur, winkt dem Finanzer ihm zu folgen und verlässt den Raum. Auch der Vertreter der Hafenbehörde hat keine Einwände. Sein Chef trug ihm auf, allen Wünsche der Filmgesellschaft gerecht zu werden. Schließlich spült dieser Dreh der Hafengesellschaft einen sechsstelligen Dollarbetrag in die klammen Kassen.

*

Drei Monate später im Juli 1997
Hafen Swinemünde.

Bis spät in die Nacht wurden für den Filmdreh die letzten Schiffe zwischen Ost- und Westmole auf Position gebracht. Wie im Drehbuch vorgesehen, haben im Hafen zahlreiche Dampfer, Kutter, Frachter, Fischerboote und Hochseesegler angelegt. Als der Regisseur am nächsten Tag mit einem Hubschrauber die Szenerie nochmals überfliegt, kann er seine Freude über die exzellente Vorbereitung nicht verbergen und klopft dem Szenenbildner wohlwollend auf die Schulter. Gainsbourg ist zufrieden mit der Arbeit seines Teams. Allerdings ließ sich eine Sache nicht klären: Ein russisches

Schiff aus Sankt Petersburg, ein Katamaran neuester Bauart, war weder mit Geld noch mit guten Worten dazu zu bewegen, das Hafenbecken zu verlassen. Der Kapitän, ein breitschultriger Seebär mit Schnauzbart, beantwortete alle diesbezüglichen Nachfragen mit einem konsequenten *Nitsche wo*. Als stumme Kulisse wird das russische Schiff beim Filmdreh mit dabei sein.

*

Altstadt Swinemünde.

Für die Filmcrew endet der Abend auf einem Empfang des Stadtpräsidenten im Kultursaal der Hafenverwaltung. Hauptdarsteller und Regisseur durften sich zuvor ins Goldene Buch der Stadt eintragen. Nach einem Sektempfang hält das Büfett typisch polnische Spezialitäten bereit. Die Gäste schnabulieren mit Pilzen gefüllte Pierogi, schlürfen Rosol, die traditionelle Hühnersuppe, schmatzen Kartoffelpuffer und verlustieren sich an Mizeria, dem gekühlten Gurkensalat. Die Getränkeauswahl bleibt mit Wein, Sekt und Bier eher bescheiden. Wer nüchtern bleiben muss, greift zu Wasser oder Saft. Notgedrungen, weil der folgende Drehtag sehr anstrengend sein wird, verzichten die Stuntmen auf ihr geliebtes Bier und trinken standhaft Eistee und Limonade. Kurz vor Mitternacht hat die Hauptdarstellerin, sie mimt im Film die Meeresbiologin, noch ein Problem mit dem Regisseur. Nur mit Mühe wird sie ihn an der Tür ihres Hotelzimmers wieder los, er will ihr unbedingt persönlich Gute Nacht sagen. Gegen ihren ausdrücklichen Willen hat er sie bis hierher begleitet. Zu guter Letzt drängt er ihr einen bartstoppligen Kuss auf. Blitzschnell kann sie wenigstens den Mund wegdrehen und ihm die Wange hinhalten. Als aus dem Lift gegenüber plötzlich Hotelgäste aussteigen, schließt sie rasch auf und knallt ihm die Tür vor der Nase zu. Sein erhofftes Tete a Tete muss ausfallen. Ärgerlich begibt er sich auf der Suche nach einem anderen Objekt der Begierde ins Erdgeschoss zurück und marschiert in Richtung Cocktailbar.

*

Polen. Woiwodschaft Westpommern.

Auf der Europastraße E65 fährt im hohen Tempo ein schwarzer VW-Bully in Richtung Stettin. Das Auto trägt polnische Kennzeichen, die Seitenscheiben sind mit dunkler Folie beklebt. Im Innern sitzen auf der Rückbank zwei Bewaffnete in Tarnkleidung. Zwischen ihnen hockt der an Händen und Füßen gefesselte Sergej, über den Kopf haben sie ihm einen Sack gestülpt. Durch ein Stück aufgetrennter Naht erkennt er vorbeifliegende Dörfer und Chausseebäume. Die Ortsnamen auf den Schildern am Straßenrand bleiben aufgrund des Tempos aber unleserlich. Sein Atem geht schwer, doch konzentriert achtet er auf die Außengeräusche und verfolgt die belanglosen Gesprächsfetzen seiner Bewacher. Es geht um Bier und Wodka, wilde Orgien, willfährige junge Frauen, fette Schaschlikspieße und den Wunsch, endlich mal ausschlafen zu können. Sergej schafft es, einigermaßen ruhig zu bleiben. Autosuggestion hilft ihm dabei. Die Entführung heute ist leider nicht seine erste. Auch in Afghanistan war er zwei Mal in der Gewalt seiner Gegner. Das erste Mal konnte er sich selbst befreien. Als ihn die Taliban später erneut gefangen setzten, waren es amerikanische *Special Forces*, die ihn herausholten. Auch dieses Mal, dessen ist er gewiss, wird sich eine Chance für ihn auftun. Dass in Russland ein brutales Gerichtsurteil und jahrelange Lagerhaft auf ihn warten, verdrängt er in diesem Moment. Größere Sorgen macht er sich um seine Schwester. Hat sie es bis nach Deutschland geschafft, oder ist sie mit dem Hubschrauber abgestürzt? Er weiß es nicht. Besonders Vertrauen erweckend sah dieses fliegende Vehikel ja nicht grad aus. Falls Raissa und Bartosz das rettende Ufer erreicht haben, werden sie schon irgendwie weiterkommen. Schließlich haben sie noch das Gold im Gepäck.

*

Nach einer Weile sind die Gespräche im Auto verstummt, jeder hängt seinen Gedanken nach und schlummert vor sich hin. Gestresst ist nur der Fahrer, nervös umklammert er das Lenkrad und zieht aufgeregt an seiner Zigarette. Mit weit geöffneten Pupillen starrt nach vorn und checkt aus den Augenwinkeln den Straßenrand. Er befürchtet eine Verkehrskontrolle der Polizei, die ihnen sehr gefährlich werden könnte. Die Fracht im Auto ist viel zu wertvoll, als dass ein dummer Zufall ihren Erfolg zu Nichte machen darf. Beruflich ist der aus dem Ural stammende Mann das erste Mal im Ausland. Kampfeinsätze kennt er bisher nur aus Tschetschenien. Seinem neben ihm dösenden Chef gehen ganz andere Gedanken durch den Kopf, er freut sich auf sein Neugeborenes und die dicke Prämie für die erfolgreiche Erledigung des Auftrags. Nachdem sie die Stadtgrenze von Stettin passiert haben, nehmen sie Kurs auf die City und halten vor einem großen Backsteingebäude, dem Hauptpostamt. Von hier aus ruft der Chef die Zentrale in Petersburg an und meldet den Vollzug des Einsatzes: *Der Schwerverbrecher Sergej Uchmatow befindet sich seit heute Morgen in unserer Gewalt. Neunundvierzig Goldbarren wurden ebenfalls sichergestellt. Der Aufenthaltsort seiner Komplizin konnte nicht ermittelt werden.* Das Telefonat bleibt militärisch kurz. Der Major am anderen Ende der Leitung informiert ihn, dass die Gruppe im Hafen von Swinemünde bereits erwartet wird. Das

Schiff, welches sie an Bord nehmen soll, ist ein weiß blauer Katamaran mit ziviler Beflaggung. Es trägt den Namen *FJODOR DOSTOJEWSKI* und hat an der Westmole festgemacht. Die Parole lautet Neptun, die Antwort ist Ring.

*

Europastraße E65.

Auf der Überlandstraße in Richtung Stettin steht unter einer Brücke eine Motorradfahrerin. Ihre Maschine hat eine Panne, die Antriebskette ist vom Ritzel gesprungen. Zum Glück ist Dorota nichts passiert. Als es im Motorblock plötzlich knirschte und ratterte, hatte sie geistesgegenwärtig die Kupplung gezogen und konnte die betagte *JUNAK* ruhig ausrollen lassen. Wütend und traurig zugleich gibt sie dem Hinterrad einen Tritt. *Das war`s jetzt wohl mit ihr und dem grandiosen Sergej.* Nach einigen Minuten der Besinnung packt sie das Bordwerkzeug aus und macht sich an die Reparatur. Die Kette ist schneller zurück auf dem Zahnkranz als zunächst befürchtet. Aber die Entführer sind inzwischen über alle Berge. Es gibt wohl keine Chance mehr, den Bully noch einzuholen. Doch die Polin wägt in diesem Moment einfach mal ihre Chancen ab: *Sehr wahrscheinlich ist es, dass die Entführer so rasch wie möglich nach Russland wollen. Denn mit einem Gefangenen im Schlepptau müssen sie das Land möglichst unbemerkt von Polizei und Grenzschutz verlassen. Der kürzeste und schnellste Weg geht über die Ostsee. Von Swinemünde aus können sie internationale Gewässer in weniger als einer Stunde erreichen. Dort kann ihnen keiner mehr etwas anhaben.* Ihr Bauchgefühl sagt: *Vielleicht ist mit dem geliebten Sergej noch nicht alles verloren.* Enthusiastisch startet sie die Maschine und erreicht nach einiger Zeit den Hafen von Swinemünde. Hier sind alle

Zufahrten versperrt. Von den Sicherheitsleuten am Tor erfährt sie, dass in Kürze die Szenen eines Actionfilms gedreht werden sollen. Na, das klingt ja interessant, da ist sie als Zuschauerin gern mit dabei. Vielleicht sind auch die Russen mit ihrem Sergej gar nicht so weit. Man wird sehen … ! Sie parkt das Motorrad in einer Seitenstraße, schnallt den Sturzhelm an den Gürtel und macht sich auf den Weg.

*

Hafen Swinemünde.

Zur selben Zeit nähert sich dem Hafengelände eine Gruppe von vier Männern, die ebenfalls zu Fuß sind. Drei von ihnen tragen Tarnkleidung, der Mann in ihrer Mitte ist der Zivilist Sergej Uchmatow, seit ein paar Stunden Gefangener des russischen Staates. Die Hand- und Fußfesseln haben sie ihm abgenommen und durch eine Knebelkette am Unterarm ersetzt. Die Enden der Kette hält der neben ihm laufende Bewacher fest in der Hand. Eng an eng sind sie aneinander gefesselt, für Außenstehende ist dies kaum sichtbar. Genau wie Dorota mussten auch die Russen ihr Fahrzeug stehen lassen. Ihr Ziel ist der Katamaran aus der Heimat. Dass dieses Schiff wegen der Sturheit des Kapitäns nun mitten in einem Filmdreh steckt, wird ihnen noch einige Kopfschmerzen bereiten. Während der Truppführer aufs Tempo drückt, schaut Sergej lethargisch nach unten Er läuft betont schleppend und lässt die Schultern hängen. Es ist ein beliebter Trick von Gefangenen, ihre Bewacher auf diese Weise einzulullen. Der Russe ist jedoch hellwach und beobachtet aus den Augenwinkeln aufmerksam das Geschehen um sich herum. So plötzlich im Freien rechnet er sich hier eine reale Fluchtchance aus.

*

Die Aufmerksamkeit der Entführer für ihren Gefangenen hat deutlich nachgelassen. Sie sind gewiss, ihn ganz sicher zu haben. Jetzt geht es nur noch darum, das Schiff nach Petersburg so schnell als möglich zu erreichen. Diesem Ziel wird alles andere untergeordnet. Aber es gibt eine kleine Schwierigkeit. Weil sie mit ihrem Bully nicht bis ans Schiff heranfahren konnten, haben sie nicht nur einen Gefangenen im Schlepptau, sondern müssen sie sich auch noch mit zwei schweren Tornistern abbuckeln. Jeder wiegt gut fünfundzwanzig Kilogramm, in der Sommerhitze kein reines Vergnügen. Darin verstaut sind die neunundvierzig Barren des Jelzin-Goldes. Die wertvolle Fracht darf ihnen unter keinen Umständen abhandenkommen oder gar gestohlen werden. Wenn dies passiert, landen sie alle in einem der Lager jenseits des Ural.

Wegen ihres martialischen Aussehens und der dicken Sonnenbrillen vermuten die Wachleute am Hafentor, dass Sergej und seine Bewacher zur Filmcrew gehören. Die Russen hingegen haben nicht die Spur einer Ahnung, dass hier im Hafen Filmaufnahmen laufen. Die Absperrungen am Tor und das allgemeine Gedränge halten sie für normal. Umstandslos weist man sie zur Kaimauer. Dort bietet sich ihnen ein ungewohntes Bild, das Hafenbecken ist dicht gefüllt mit Schiffen verschiedenster Größe und diverser Bauart. Die Beflaggung ist international. Der Anführer klettert auf einen Poller und orientiert sich nach links und rechts. In einiger Entfernung kann er an einer Mastspitze die weiß-blau-roten Balken der russischen Fahne ausmachen. Beim Näherkommen erweist sich leider, dass es die Flagge der Niederlande ist. Nervosität macht sich breit. Wo in Gottes Namen ankert ihr Katamaran? Sie können ihn auf Anhieb nicht finden, die Gegend ist einfach zu unübersichtlich.

Sergej ist gedanklich schon weiter. Ihm schwant, dass die ganze Szenerie hier nichts mit der Wirklichkeit zu tun hat. Als er irgendwann einen Klappstuhl sichtet, auf dessen Rückenlehne das Wort *Regisseur* steht, und er Filmkameras neben Aufnahmeschienen entdeckt, ahnt er, dass hier eine künstliche Welt aufgebaut worden ist. Für diese Szenerie haben seine kopflos werdenden Bewacher weder Augen noch Ohren, sie stecken im nervösen Tunnelblick ihrer Abreise fest. Ihren hin und her fliegenden Wortfetzen kann er entnehmen, dass sie fieberhaft nach einem blau-weißen Katamaran mit russischer Beflaggung suchen. Im Tohuwabohu von Deko-Fassaden, Scheinwerfern, Kamerakränen, herumstehendem Ausstattungsequipment, Schminkzelten, Umkleidekabinen und Toilettenwagen entdeckt Sergej plötzlich ein Schiff mit zwei Rümpfen. Es ist jedoch nicht die *Russen-Gondel*, hier werden grad die Actionszenen für den Film geprobt. Regisseur und Dramaturg beobachten aufmerksam das hin und her wogende Geschehen. Gedankenschnell erkennt Sergej die plötzliche Fluchtchance für sich und gibt seinem Bewacher einen Wink: „Dort schau hin, das ist doch euer Schiff!" Ohne auf seine beiden Genossen zu warten, eilt derselbe, seinen Gefangenen mit sich zerrend, an Bord. Auf dem Deck sind sie sofort von Schauspielern und Stuntmen umringt. Sie sind der Annahme, dass Sergej und sein Begleiter zum Filmset gehören. Der Regieassistent schaut auf die beiden, sieht die Knebelkette und gebietet, die Fesselung sofort zu lösen. Gedankenschnell nutzt Sergej das Überraschungsmoment, windet sich aus der Kette, stößt seinen irritierten Bewacher zur Seite und rennt zur Heckreling. Behände klettert er über die Eisenstange und springt kopfüber ins Hafenbecken. Indes

kommen seine drei Verfolger keinen Schritt weiter, sie werden durch das Menschengewusel aufgehalten.
An Deck wird in diesen Minuten die *Befreiung von Roman Perez* geprobt. Zwischen Bug und Heck herrscht ein wildes Durcheinander, begleitet von waberndem Pulverdampf sowie peitschenden Schreckschüssen aus Pistolen und Gewehren. Ein Durchkommen ist nicht möglich. Die Russen haben keine Gelegenheit, diesem Gewühl zu entrinnen. Gegen die durchtrainierten Stuntmen gibt es nicht die Spur einer Chance.

*

Unter Wasser reißt sich Sergej die Stiefel sofort von den Füßen, öffnet die Jackenknöpfe und taucht mehr als fünfzig Meter weit. Schließlich kann er hinter einem Fischkutter den Kopf schwer atmend aus dem Wasser heben. Mit den Beinen strampelnd schwimmt er senkrecht im Wasser. Während sich die Lungen allmählich beruhigen, denkt er mit Genugtuung an seine Offiziersausbildung zurück. Das ist lange her. In einem mehrwöchigen Tauchcamp auf der Krim am Asowschen Meer wurden sie mit harter Hand für das Tief- und Streckentauchen gedrillt. Zum Ende des Lehrgangs war er in der Lage, die Luft fast drei Minuten anzuhalten. Der einzige Unterschied zu heute: Damals war das Wasser glasklar, in der Hafenbrühe von Swinemünde kann man nicht mal eine Armlänge weit gucken. Mit ausladenden Schwimmstößen bewegt er sich in Richtung Ostmole, dort scheinen weniger Schiffe zu ankern, auch ist da die Rundumsicht besser. Plötzlich knattert hinter ihm ein Außenbordmotor, das Geräusch kommt sehr schnell näher. Ein Rettungsboot der Filmcrew macht neben ihm Halt und möchte ihn aufnehmen. Sergej wittert eine Falle und will abtauchen, aber die beiden Männer nehmen ihn beim Kragen und hieven

ihn umstandslos an Bord. Als sie ihn auf Englisch ansprechen, ist er fürs erste beruhigt. Ungeachtet dessen scannt er unablässig die Umgebung, stets bereit, sofort wieder ins Wasser zu springen. Kurz darauf gibt es eine weitere Schrecksekunde: Aufheulend wendet das Boot plötzlich auf der Stelle und düst am Film-Katamaran erneut vorbei. Zum Glück ist nichts Besonderes passiert, der Mann am Steuer bekam über Sprechfunk lediglich einen weiteren Auftrag.
Als sich das Boot durch den Hafen schlängelt, passieren sie in einiger Entfernung den russischen Katamaran. Sergej glaubt, seine drei Entführer an der Reling stehen zu sehen. Er widersteht jedoch dem Reflex, hinüber zu winken. Das riesige Glück seiner unerwarteten Befreiung will er lieber nicht herausfordern. An einer von der Kaimauer herabführenden Stahltreppe setzen ihn seine Retter wenig später an Land. Pitschnass und dreckig im Gesicht steht er neben einem ausgemusterten Ladekran und wringt seine Jacke aus. Zum Verschnaufen ist jedoch wenig Zeit, jeden Moment können auch hier seine Entführer oder die Polizei auftauchen. Den Hafen muss er deshalb so schnell es geht verlassen. Als er sich nach allen Seiten umschaut, erregen nicht weit entfernt dicht nebeneinander stehende Mannschaftszelte seine Aufmerksamkeit. In dicken Lettern steht dort auf der Leinwand *CREW* und *REQUISITE*. Sich vorsichtig umschauend geht er näher heran. Die Zelte stehen offen und sind menschenleer. Auf den zahlreichen Garderobenständern hängen quietschbunte Uniformen und farbige Drillichhosen, weit geschnittene Hemden und taillierte Blusen, Sakkos aller Couleur und Blazer in jeglichen Größen, diskrete Anzüge und schräge Kostüme sowie Kimonos und sogar Röckchen aus Bast. Selbst an Unterwäsche herrscht kein Mangel, sie liegt

buntgemischt für Männer und Frauen in einem großen Korb bereit. Sergej wühlt sich durch BHs, Damenslips und Boxershorts, zieht ein ärmelloses Shirt hervor und muss nur noch eine passende Unterhose finden.
Dann zottelt er die nassen Klamotten vom Leib, reibt sich mit einem herumliegenden Handtuch ab und sucht, splitternackt wie er ist, die passenden Kleidungsstücke heraus. Kurze Zeit später tritt ein gut gekleideter Herr aus dem Zelt. Zu einer grauen Hose trägt er ein dezent kariertes Sakko mit einem einfarbigen Hemd darunter und dunkelblaue Schuhe aus Velourleder am Fuß. Die Hosen sind ein wenig zu lang, doch der Sommerhut passt perfekt zu seinem gebräunten Gesicht. Eine riesige Brille verdeckt die Augenpartie, sie schützt nicht nur vor der Sonne sondern sorgt auch für diskrete Tarnung. In der distinguierten Pose eines britischen Gentleman begibt er sich zielstrebig zum Ausgang, niemand hindert ihn am Verlassen des Hafens. Jetzt hat er nur noch ein Ziel: Das Hotel *ATRIUM* im benachbarten Stettin. Dort hofft er, Dorota wiederzusehen.

*

Auch die Polin verlässt den Hafen. Auf den echten Filmdreh mochte sie nicht länger warten, denn das Testen und Probieren der Actionszenen zieht sich in die Länge. Wenn der Film eines Tages im Kino läuft, wird sie sich in Ruhe anschauen, was daraus geworden ist. Als sie am Eingangstor steht, muss sie für einen Moment überlegen, in welcher Seitenstraße sie ihr Motorrad abgestellt hat. Schließlich vertraut sie ihrem Gefühl und marschiert los in Richtung Stadtzentrum. Auf dem Weg dahin ist sie nicht allein, zahlreiche Schaulustige haben wie sie den Drehort verlassen und geben dem Verlangen nach, am Markt einen schönen Nachmittagskaffee zu schlürfen. Gerade als sie in die Straße einbiegen will, wo ihr Motorrad steht, überquert vor ihr ein Mann mit auffälligem Strohhut den Fahrdamm. Doch es ist weder der große Hut noch das schicke Sakko, welche ihre Aufmerksamkeit erregen. Vielmehr kommen ihr sein ausladender Gang und die abgespreizten Ellbogen äußerst bekannt vor. Als sie neben ihm läuft und von der Seite ins Gesicht schauen kann, schrickt sie leicht zusammen: „Sergej? … Wirklich? … das bist ja du!“ Der Russe zieht nichtsahnend die Schultern hoch und verlangsamt den Schritt, er ist nicht weniger erschrocken als sie. „Dorota … ?“ Sie hält ihn am Ärmel fest und fällt ihm sogleich um den Hals. Konsternierte bleibt er stocksteif stehen und macht sich sofort von ihr los. Die Angst vor einer erneuten Festnahme steckt ihm tief in den Knochen. Aufmunternd nimmt sie seine Hand: „Schau, da vorn steht mein Motorrad. Magst du mitkommen?“ *MITKOMMEN* ist das Zauberwort für ihn. *Nix, wie weg von hier, und raus aus der Gefahrenzone.*

*

Stettin.

Zwanzig Kilometer weiter parken sie am Stadtrand vor einem Hochhaus. In der fünften Etage bewohnt Dorota ein Zweizimmerapartment. Das kleinste Zimmer hat sie zu einem Fotostudio umgebaut. Mit schwarzem Papier ist das Fenster lichtdicht abgeklebt. Von der Decke baumelt eine Dunkelkammerlampe. Auf einem langen Tisch stehen Schalen mit Entwicklerflüssigkeiten. Die Luft ist stickig, und es riecht nach Chemie. Quer durch den Raum spannen sich zwei dünne Leinen, an denen Fotos zum Trocknen aufgehängt sind. Hier ist Dorotas heimliches Reich. Noch heute will sie die Fotos von der Entführung entwickeln und eine Story dazu schreiben. Das Ganze wird sie

einer großen Boulevardzeitung zum Kauf anbieten. Bevor es soweit ist, muss sie sich jedoch um ihren Gast kümmern.
Als die Wohnungstür hinter Sergej zufällt, atmet er erst einmal tief durch. Hier besteht keine Gefahr mehr für ihn. Er lässt sich in einen Sessel fallen und schließt die Augen. Dorota holt Cola und ein paar Kekse aus der Küche. Als sie das Tablett auf dem Tisch abstellt, richtet er sich auf und fängt sofort an, von den Aufregungen der letzten Stunden zu erzählen. Aufmerksam hört sie ihm zu. Als sein Bericht ins Weitschweifige abgleitet, beginnt sie, hibbelig auf der Couch hin und her zu rutschen. Fürs erste hat sie genug gehört, nun will sie nur noch in ihre Dunkelkammer, um die Fotos von heute früh zu entwickeln. Sie zeigt auf die Couch: „Mach dich doch für ein Stündchen lang, ruh dich aus. Ich habe nachher noch eine Überraschung für uns.“ Dieses Angebot mag der übermüdete Sergej nicht ausschlagen und ist wenige Minuten später fest eingeschlafen.
Es geht schon auf den Abend zu, als sie die fertigen Fotos auf dem Esstisch ausbreitet und zunächst eine Zeitung darüber deckt. Sanft weckt sie ihren Freund und bittet ihn, näher zu treten. Als sie beide am Tisch sitzen, erzählt sie überschwänglich von ihrem Plan, demnächst dem Kreis der investigativen Journalisten angehören zu wollen. Die Fotos von seiner Entführung, angereichert mit einer reißerischen Story, sollen der Türöffner sein für den Job bei einer renommierten Zeitung. Zum Ende ihres euphorischen Vortrags zieht sie die Zeitung von den Fotos herunter: „Hier schau dir das an!“ Dorotas Kamera hat exzellente Bilder gemacht. Sie sind gestochen scharf und bilden das Kampfgeschehen in der Werkstatt spannend ab. Ihre Glückseligkeit wird jedoch abrupt beendet, als sie mit ansehen muss, wie Sergej zunächst leichenblass wird und

wenig später rot anläuft vor Wut. Grimmig schaut er sie an: „Jetzt verrate mir doch mal, warum du nicht sofort die Polizei geholt hast, als sie mich ins Auto schleppten und davon brausten? Deine Karrierefotos waren dir wohl wichtiger als mein Leben." Enttäuscht springt er auf, ballt die Fäuste und boxt in die Luft, während er im Zimmer mit großen Schritten auf und ab geht. Kleinlaut hockt Dorota auf ihrem Stuhl. Sie möchte sich verteidigen und ihre eigenen Ängste schildern. Auch von der Verfolgung des VW-Bully und der Motorradpanne würde sie gern berichten, aber sie bleibt stumm. Es hat ihr total die Sprache verschlagen. Mit solch heftiger Reaktion hat sie nicht gerechnet. Ihre Hand, die sie bittend nach ihm ausstreckt, wischt er rigoros zur Seite. Er fühlt sich betrogen; sieht sie als egoistische Opportunistin, die nur auf ihren Vorteil bedacht war. Dass er ihr damit Unrecht tut, kommt ihm nicht in den Sinn. Seine russische Seele ist zutiefst beleidigt. Frustriert greift Sergej nach der Jacke und verlässt grußlos die Wohnung. Dorota eilt ihm hinterher und ruft im Treppenhaus seinen Namen.

Seine einzige Reaktion ist der Wumms der heftig zugeschlagenen Haustür. Zurück in der Wohnung reißt sie tränenüberströmt den Kühlschrank auf, greift nach dem Lieblingslikör und betrinkt sich hemmungslos. Im Radio schluchzt ihr Lieblingssängers *Czesław Niemen* seinen Song. *Czy mnie jeszcze pamiętasz?* (Erinnerst du dich noch an mich? Mit verheultem Gesicht taumelt sie um Mitternacht endlich ins Bett. *Schluss aus, vorbei! Ehe sie Sergej für sich gewinnen konnte, hat sie ihn auch schon wieder verloren.*

*

Noch am selben Abend verlässt der russische Katamaran *FJODOR DOSTOJEWSKI* den Hafen von Swinemünde und nimmt Kurs auf die offene See. Die Stimmung an Bord ist gedrückt. Mit der erfolgreichen Flucht des Verbrechers Uchmatow mochte sich niemand abfinden. Der Chef der Gruppe, ein Oberleutnant der Spezialkräfte, sitzt am Abend mit dem Kapitän in der Offiziersmesse zusammen und ertränkt seine Wut in einer Flasche Wodka. Oben auf der Kommandobrücke hat der Steuermann den Turbo eingelegt. Mit mehr als vierzig Knoten rast das Schiff gen Petersburg.

***

Epilog

Daniel und Raissa

Die Allianz-Versicherung zahlt dem alten Gohlke eine sechsstellige Entschädigung für den zerstörten Bauernhof. Uneigennützig beschließen Daniels Eltern, dem jungen Paar die gesamte Versicherungssumme zu übereignen. Dieses Geld soll in die gemeinsame Zukunft investiert werden. 1998 macht Daniel seiner Raissa einen Heiratsantrag, wenig später wird geheiratet. Die Russin bekommt die deutsche Staatsbürgerschaft und nimmt auch Daniels Namen an. Im Oderbruch wollen die beiden nicht bleiben, es zieht sie in die weite Welt hinaus. Am liebsten möchten sie nach Kanada auswandern. Doch die Bedingungen für eine Einwanderung können sie leider nicht erfüllen. Deshalb verwerfen sie diesen Plan. Auf einem internationalen Forum zur Entwicklung der Landwirtschaft in Kasachstan erhalten die beiden das Angebot, unweit der Stadt Petropawl ein privat geführtes Agrarfluguntemehmen aufzubauen. 1999 wandern sie dorthin aus und bekommen noch im selben Jahr bekommen sie erstes Kind, es ist ein Mädchen. Vom Überleben ihres Bruders Sergej erfährt Raissa erst viele Jahre später in einem Internet-Blog. Zu einem Wiedersehen kommt es nicht mehr.

*

Sergej

Sein Intermezzo mit Dorota war nur von kurzer Dauer. Die beiden werden sich nie wieder begegnen. In Warschau beantragt er bei diversen ausländischen Botschaften politisches Asyl. Lediglich in Belarus, einer ehemaligen Sowjetrepublik, bekommt er einen befristeten Aufenthaltsstatus und eine Arbeitserlaubnis. Aufgrund seiner Branchenkenntnisse erhält er in einem Bergbauunternehmen eine Anstellung als Leiter des

Sicherheitsdienstes. Nach Russland wagt er sich zeit seines Lebens nicht mehr zurück, ihm drohen dort Verurteilung und Gefängnishaft. Seine Suche nach Raissa bleibt ohne Erfolg.

*

Dorota

Die Polin kann ihre Fotostory von Sergejs Entführung sehr gut an in- und ausländische Zeitungen veräußern. Mit dem Erlös kauft sie sich bei einer namhaften polnischen Zeitung ein und macht Karriere als investigative Journalistin. Den Job an der Hotelrezeption kündigt sie umgehend. Noch lange trauert sie ihrem Traummann Sergej hinterher. Mit neuen Liebesbeziehungen tut sie sich zunächst sehr schwer, später heiratet sie jedoch einen ehemaligen Schulfreund aus Kolberg.

*

Gotthilf Domscheit

Der ehemalige Schmied von Ortwig kehrt nicht in seine alte Heimat nach Thüringen zurück, sondern zieht weiter nach Franken. Dort arbeitet auf einem Pferdehof als Hufschmied. Die verwitwete Besitzerin macht ihm Heiratsavancen, auch möchte sie ihn als Teilhaber für das Unternehmen gewinnen. Gotthilf lehnt ihre Angebote sämtlich ab. Er befürchtet Einschränkungen seiner persönlichen Freiheit, deshalb siedelt er in die benachbarte Kreisstadt um. Dort wird er seines Lebens nicht froh, weil seine Ex-Chefin anfängt, ihn zu stalken. Sie verleumdet ihn beim Ordnungsamt und lauert ihm morgens vor seiner Haustür auf, wenn er sich auf den Weg zur Arbeit macht.

Weil die Sache kein Ende nehmen will, holt er sich Rat bei einem Rechtsanwalt. Dieser rät ihm, die Frau entweder bei der Polizei anzuzeigen, oder sie seinerseits zu stalken. Domscheit

entscheidet sich für Letzteres und dreht den Spieß um. Eines Abends verschafft er sich gewaltsam Zutritt zu ihrem Haus, als sie für mehrere Stunden abwesend ist. Er beabsichtigt, sie nach ihrer Rückkehr als Gespenst verkleidet zu erschrecken. Dafür vorgesehen hat er das Schlafzimmer. Dieser Plan misslingt, weil er während des Wartens im Erdgeschoss, mehrere Zigaretten raucht. Als die Frau gegen Mitternacht heimkommt, riecht sie sofort, dass ein Fremder im Haus sein muss und alarmiert die Polizei. Bei den folgenden Ermittlungen behauptet sie, von Domscheit bestohlen worden zu sein. Etlicher Goldschmuck würde ihr fehlen. Diese Falschaussage kann er nicht entkräften. Er wird wegen schweren Einbruchdiebstahls zu einer mehrmonatigen Gefängnisstrafe verurteilt, die er in Landsberg am Lech absitzen muss.
Nach seiner Freilassung heuert er im Freilichtmuseum von Markus Wasmeier am Schliersee als Mittelalter-Schmied an und stirbt wenige Monate vor seiner Rente an einer Lungenentzündung.

*

Vadim Serpuchin
Der Belorusse verwaltet auch weiterhin den ehemaligen sowjetischen Luftstützpunkt. Der Bürgermeister der Stadt Mieszkowice möchte das Gelände, das sich immer noch im russischen Staatsbesitz befindet, für die Kommune erwerben. Dort soll ein Freizeitpark mit einer Rennstrecke für Go-Karts entstehen. Die Behörden bieten Vadim den Erwerb der polnischen Staatsbürgerschaft an, als es ihm gelingt, die russische Seite zu Verkaufsverhandlungen zu bewegen. Später arbeitet er als technischer Leiter des Freizeitparks.

*

Grigori Wolkonski

Nach Sergejs Flucht mit dem Jelzin-Gold macht ein Gericht in Nowosibirsk dem ehemaligen Direktor der Goldhütte den Prozess. Vorgeworfen werden ihm mangelhafte Aufsichtspflicht und Beihilfe zur Veruntreuung von Staatseigentum. Ein gewiefter Moskauer Anwalt, der über ausgezeichnete Beziehungen ins Justizministerium verfügt, kann eine Gefängnisstrafe abwehren und später seine Rehabilitierung durchsetzen. Danach arbeitet Wolkonski im russischen Bergbauministerium. Weil er abergläubisch ist, wird er die Region rund um das Kolyma-Gebirge im Nordosten Sibiriens nie wieder betreten.

*

Bartosz

Nach seiner unfreiwilligen Rückkehr aus Amsterdam beabsichtigt Bartosz, seine Tätigkeit als Hafenkapitän von Swinemünde wiederaufzunehmen. Doch er darf das Hafengelände nicht mehr betreten. Der Verwaltungsrat entlässt ihn umgehend wegen Untreue und Vernachlässigung seiner Arbeitspflichten. Allerdings gelingt es ihm, Sergejs Wehrmachts-Kübelwagen aus der Lagerhalle im Hafen herauszuholen und an einen Militaria-Händler für einen guten Preis zu verkaufen. Mit dem Erlös kehrt Bartosz in seine Geburtsstadt Breslau zurück und schließt sich wenig später einer Forschergruppe an, die den sagenumworbenen Eisenbahnzug mit Nazigold aufspüren will.

*

Daniels Eltern

Für den vom Tornado schwer zerstörten Bauernhof erhalten Marianne und Hans Gohlke eine ansehnliche Entschädigung von der Versicherung. Hinzu kommen anteilige Spendengelder aus ganz Deutschland, die für das vom Hochwasser gebeutelte

Ostbrandenburg gesammelt worden sind. Daniels Eltern beschließen, den schwer zerstörten Bauernhof zu verschenken und ihre Äcker zu verkaufen. Ihr bäuerliches Berufsleben beenden sie 1998. In der Kreisstadt Seelow erwerben sie eine komfortable Wohnung und pachten einen Kleingarten. Im Jahr 2000 besuchen sie Daniels junge Familie in Kasachstan und halten erstmals ihre Enkeltochter im Arm.

*

Maxim van der Velde

Der Verlust des Goldbarrens, den er bei seinem Fahrradsturz in die Gracht verloren hat, lässt ihm Tag und Nacht keine Ruhe. Er will alles daran setzen, den Barren aus dem Schlick des Kanals zu bergen. Zu diesem Zweck nimmt er Kontakt auf zu einem ehemaligen Taucher der holländischen Marine. Dieser Mann verlangt einen beträchtlichen Vorschuss für die Finanzierung der Aktion. Doch der Betrüger van der Velde wird nun selbst betrogen. Der Taucher setzt sich mit der Anzahlung nach Belgien ab.

*

Sergejs Kidnapper

Auf dem Rückweg nach Petersburg gerät der Katamaran „Fjodor Dostojewski“ in ein schweres Unwetter. Vor der estnischen Insel Saameraa läuft das Schiff auf eine Ankertaumine aus dem zweiten Weltkrieg auf und wird in mehrere Teile zerrissen. Schwer zerstört versinkt es mit dem Gold auf den Meeresgrund. Besatzung und Passagiere werden von einheimischen Fischern gerettet und wenig später nach Russland abgeschoben.

*

Das Gold der Dorfbewohner

Der Betrug des Schmieds, der den Dörflern anstelle von Gold Messingbarren untergejubelt hatte, fällt erst viel später auf. Nach dem Ende der Evakuierung und der Rückkehr in ihre Häuser haben die Menschen Wichtigeres zu tun. Erst viele Monate später präsentiert einer der Bauern einem befreundeten Goldschmied aus Frankfurt/Oder seinen vermeintlichen Schatz. Sehr schnell wird klar, dass es sich bei dem Metall niemals um Gold, sondern nur um simples Messing handelt. Im Dorf macht diese Nachricht sehr schnell die Runde. Bei einem abendlichen Umtrunk auf dem Anger beschließt man, diesen Betrug niemals publik zu machen, um sich nicht dem Gespött des Oderbruchs auszusetzen. Jede Familie behält dieses Wissen für sich. Und wäre dieses Buch nicht geschrieben worden, würde es selbst heute noch niemand erfahren haben.

*

Manfred Stolpe Ministerpräsident Land Brandenburg (1990-2002) Die Hochwasserkatastrophe konnte zum Glück verhindert werden, die Dämme haben Stand gehalten. Das Oderbruch bleibt dank des Einsatzes der vielen Retter von einer Überflutung verschont.

In Wriezen gibt es auf dem Marktplatz eine riesige Dankesveranstaltung für die Soldaten der Bundeswehr und alle anderen Helfer. Ministerpräsident Stolpe überreicht Orden und Auszeichnungen und hält eine emotionale Rede.

*

Matthias Platzeck Umweltminister Land Brandenburg (1990 -1998) Er erhält 1998 *DIE GOLDENE KAMERA* in der Rubrik „Hilfe bei der Oderflut 1997“.

Anhänge

Schadensbilanz des Oderhochwassers 1997

Im Land Brandenburg resultierte der größte Anteil des Gesamtschadens aus der Überschwemmung der Ziltendorfer Niederung. (ca. 5.000 ha) Gut 2.000 Menschen mussten hier evakuiert werden. Im Oderbruch hingegen waren 8.000 Einwohner vorübergehend gezwungen, ihre Häuser zu verlassen. Der Aufwand für die Hochwasserabwehr belief sich auf umgerechnet über 132 Millionen Euro. Die Deichschäden wurden mit rund 78 Mio. Euro veranschlagt. Insgesamt waren 575 Schadensfälle an privaten Gebäuden und Nebengebäuden zu verzeichnen, die auf 13,9 Mio. Euro beziffert wurden. Der Schaden an öffentlichen Gebäuden betrug 1,9 Mio. Euro. An den kommunalen, Landes- und Bundesverkehrswegen entstand ein Schaden von mehr als 66 Mio. Euro. Die Schäden der Wirtschaft (inklusive Landwirtschaft, exklusive Binnenschifffahrt) beliefen sich auf fast 30 Mio. Euro. Die Bundeswasserstraßen der Oder wurden im Verlauf der zweiten Julihälfte bis Mitte August für die Schifffahrt gesperrt. Binnenschiffer und Hafenbetriebe erlitten einen Umsatzverlust von 1,2 Mio. Euro. In der Gesamtbilanz entstand durch das Oderhochwasser 1997 in Deutschland ein Schaden von umgerechnet über 331 Mio. Euro.

Aufräumarbeiten

Am 9. August kehrten die evakuierten Bewohner des Oderbruchs schrittweise in ihre Dörfer zurück; die Grenzübergänge nach Polen wurden wieder geöffnet. Während die Bundeswehr gemeinsam mit dem THW und den örtlichen

Feuerwehren die Aufräumarbeiten aufnahm, begann das Landesumweltamt Brandenburg den Wiederaufbau der zerstörten Deichabschnitte vorzubereiten. Noch im September 1997 wurde an zwölf Deichbauvorhaben mit den Bauarbeiten begonnen. Schwierigkeiten ergaben sich durch die Untergrundverhältnisse der aufgeweichten Deiche und Munitionsfunde aus dem Zweiten Weltkrieg. Ende November 1997 konnten die letzten Reparaturarbeiten abgeschlossen werden.

Einsatzkräfte und Material

Unter der Leitung von General Hans-Peter von Kirchbach waren zwischen dem 18. Juli und dem 10. Oktober über 30.000 Soldaten an der Bekämpfung des Hochwassers und seiner Auswirkungen beteiligt. Damit handelte es sich um den bis dahin größten Katastropheneinsatz der Bundeswehr. THW, Bundesgrenzschutz, Feuerwehren, zivile Hilfsorganisationen und die Bevölkerung füllten gut 8 Millionen Sandsäcke mit Sand und Kies. Die Bundeswehr war mit mehr als 3.000 Fahrzeugen und Spezialmaschinen im Einsatz. 50 Bundeswehr-Hubschrauber brachten rund 2.000 Personen in Sicherheit und transportierten etwa 3.500 Tonnen Material. Das Land Brandenburg und der Bund reagierten mit Soforthilfeprogrammen. Nach dem Hochwasser setzte eine Spendenaktion der Bevölkerung ein. Die Summe der Spenden belief sich auf mehr als 50 Millionen Euro.

Gesamtdeutsche Anteilnahme

Über das Oderhochwasser 1997 mit der Bedrohung des Oderbruches wurde in den Medien intensiv berichtet. Die Ereignisse wurden in der gesamten deutschen Bevölkerung mit großer Anteilnahme verfolgt. Der Kampf gegen die Flut wurde als nationale Aufgabe eingestuft und akzeptiert. Obwohl die deutsche Vereinigung formal bereits 1990 vollzogen war, gab es durch die vereinigungsbedingten Belastungen erhebliche emotionale Hemmnisse und Vorbehalte. Die Flut und die Anstrengungen zur Sicherung des Oderbruches trugen zum emotionalen Zusammenwachsen der beiden Landesteile bei. Insbesondere der Einsatz der Bundeswehr wurde in Ostdeutschland honoriert. Die Flut löste eine bundesweite Spendenbereitschaft – vor allem für die deutschen Opfer – aus. Durch seine Tätigkeit als Krisenmanager ist der damalige brandenburgische Minister für Umwelt, Naturschutz und Raumordnung, „Deichgraf“ Matthias Platzeck, bundesweit bekannt geworden.

Oderflut-Medaille

In Anerkennung der Hilfe und zum Dank an die Helfer beim Flutkatastropheneinsatz wurde vom Ministerpräsidenten des Landes Brandenburg die Oderflut-Medaille gestiftet und erstmals während eines Festaktes am 20. September 1997 von Manfred Stolpe überreicht. Verliehen wird die Medaille an Uniformträger und Zivilisten. Sie trägt auf ihrer Vorderseite den brandenburgischen Adler mit dem Schriftzug des Landes Brandenburg sowie den Hinweis auf das Ereignis und eine Dankesformel. Auf der Rückseite ist die betroffene Region symbolisch dargestellt. Die Medaille wird an einem rot-weißen Band auf der linken oberen Brustseite getragen. (Aus dem Erlass des Ministerpräsidenten zur Oderflut-Medaille).

Deichneubau

Aufgrund der 1997 gesammelten Erfahrungen wurden an mehreren Stellen Planungsverfahren für den grundlegenden Neubau kritischer Deichabschnitte des Oderdeiches eingeleitet. Insbesondere sind die Deichlinie, das Deichprofil und die Deichhöhe verändert worden. Probleme traten vereinzelt bei der Beschaffung der Grundstücke und bei der Entschädigung der Anlieger auf.

Quellen:

- www.wikipedia.org
- Informationsplattform Undine: http:undine.bafg.de
- www.landesrecht.brandenburg.de
- Märkische Oderzeitung vom 23. April 2005.
- www.moz.de

Oderbruchkarte

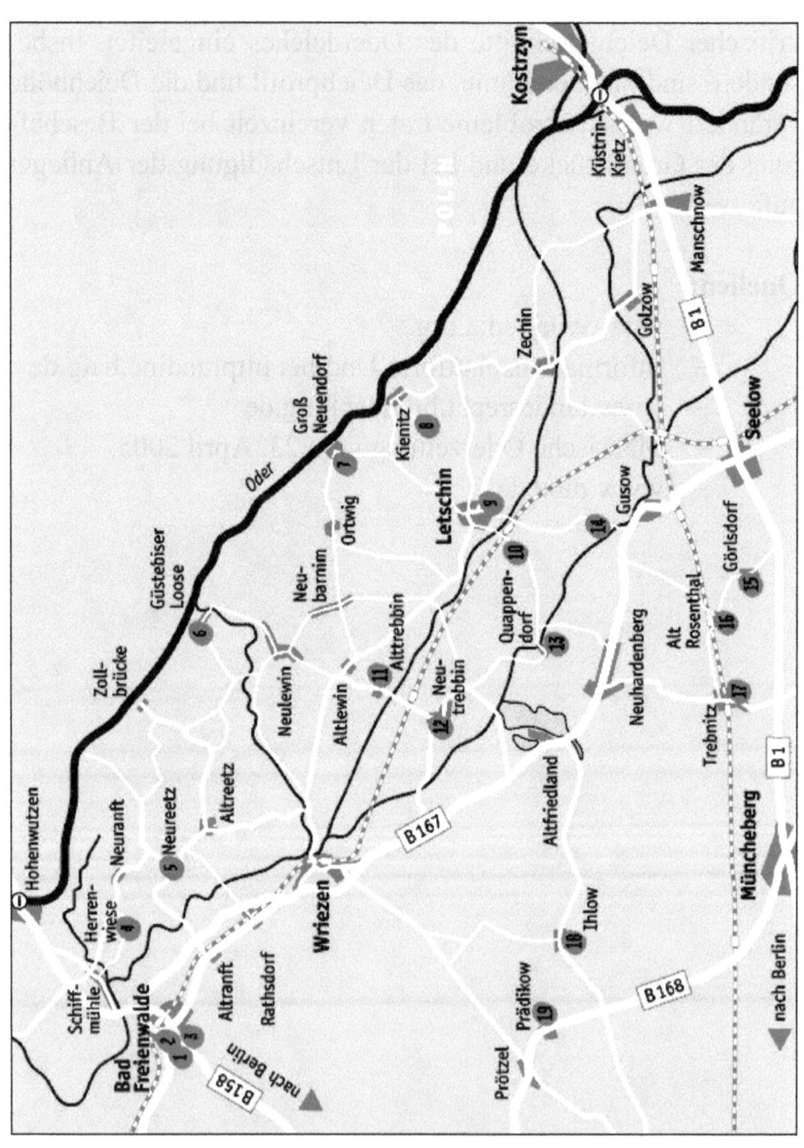

Wissenswertes rund ums Gold

Eigenschaften von Gold

- Spezifisches Gewicht 19,3 Gramm pro Kubikzentimeter
- Reinheit von Gold
  Feingold hat 24 Karat bzw. 999 Gewichtspromille
- Unze
  1 Feinunze Gold wiegt 31,1 Gramm
- Feingehalt-Stempel
  Angabe des Gold-Feingehalts in Tausendstel auf Schmucke, Uhren u. ä.
- Farbgoldlegierungen
  - Rotgold Feingold + Kupfer
  - Gelbgold Feingold + Kupfer + Silber
  - Grüngold Feingold + Silber + Cadmium
  - Weißgold Feingold + Palladium + Nickel + Silber

- Goldpreis am 1. Januar
  - 1980 560 US-Dollar/Feinunze
  - 1990 399
  - 2000 283
  - 2010 1.121
  - 2020 1.519
- Aus 1 Gramm Gold kann ein 24 Kilometer langer Faden gezogen werden.

Goldene Songs und Musikstücke

- Goldener Reiter — Joachim Witt
- Golden Brown — The Stranglers
- Silence is Golden — The Tremoloes
- Golden Slumbers — The Beatles
- Heart of Gold — Neil Young
- Goldfinger — Shirley Bassey
- Golden Eye — Tina Turner
- GOLDBERG-VARIATIONEN
  Musikwerk von Johann Sebastian Bach
- Gold in deinen Augen — Frank Schöbel
- Rheingold — Oper von Richard Wagner

Tiere mit Gold im Namen

- Golden Retriever — Hunderasse
- Goldammer — Vogel
- Goldbarsch — Fisch
- Goldfasan — Vogel
- Goldfisch — Fisch
- Goldamsel — Vogel
- Goldhähnchen — Singvogel
- Goldhamster — Nagetier
- Goldbrasse — Fisch
- Dorade — Goldglänzender Fisch

Bands & Interpreten mit Gold im Namen

- Golden Earring Niederländische Pop Band
- Frida Gold Deutsche Popsängerin
- Goldfrapp Britisches Pop-Duo

Landschaften, Städte, Denkmäler, Regionen mit Gold im Namen

- Golden State
  Umgangssprachlich für Kalifornien
- Goldene Aue
  Fruchtbare Landschaft in Sachsen-Anhalt
- Goldküste
  Atlantikküste in Westafrika
- Goldberg
  Stadt in Meck.-Vorpommern
- El Dorado
  Das sagenhafte Goldland in Amerika
- Goldener Reiter
  Das vergoldete Denkmal August des Starken in Dresden
- Die Goldene Stadt
  Prag

Film, Fernsehen, Literatur, Kunst, Medien mit Goldbezug

- Golden Girls TV-Serie
- Goldrausch in Alaska Roman und Film
- MacKenna`s Gold
  US-amerikanischer Western von 1969.

- Lockruf des Goldes
  Film und Abenteuerroman von Jack London.
- Die Frau in Gold
  Gemälde von Gustav Klimt
- Golden Eye
  James Bond Film
- Goldfinger
  James Bond Film
- Der Goldene Schuss
  Roman von Laurence Gough
- Der Goldene Handschuh
  Deutscher Roman und Film
- Der Mann mit dem Goldhelm
  Gemälde von Rembrandt
- Der Mann mit dem goldenen Arm
  Roman von Nelson Algren
- Das Goldene Vlies
  Dramatisches Gedicht von F. Grillparzer
- Das Goldene Blatt
  Wöchentl. erscheinende Frauenzeitschrift

Sport mit Goldbezug

- Golden Goal
  war eine zeitweilige Regel im Fußball.
- Goldmedaille
  Sportliche Auszeichnung für den/die Sieger.
- Goldener Laufschuh
  Auszeichnung in der Leichtathletik

- Olympiagold
  Goldmedaille bei den Olympischen Spielen.
- Goldener Handschuh
  Auszeichnung f. d. besten Torhüter der Saison.

Lebensmittel mit Gold im Namen

- Golden Delicious Apfelsorte
- Goldparmäne Apfelsorte
- Goldkrone Branntwein
- Goldbrand Branntwein
- Danziger Goldwasser
  Likör mit Blattgold in der Flasche.
- Goldmais
  Werbemarke eines Konservenherstellers
- Goldriesling
  Weißwein aus dem Anbaugebiet Sachsen
- Goldbären
  Gelatinefiguren der Fa. HARIBO
- Goldhase
  Schokoladenfigur zu Ostern
- Golden Toast
  Werbemarke eines deutschen Brotherstellers

Auszeichnungen mit Goldbezug

- Goldene Schallplatte
  Preis der Musikindustrie
- Goldmedaille
  Sportliche Auszeichnung für den/die Sieger

- Golden Globe Awards
  US- Auszeichnungen für TV- und Kinofilme
- Das Goldene Lenkrad
  Ehemalige Auszeichnung des ADAC für Autos
- Goldene Kamera
  Ehemaliger deutscher Film- und TV-Preis
- Goldene Himbeere
  1981 erstmals vergebener Negativ- Filmpreisin den USA.
- Goldstatus
  Erreichte Platzierung in einem Wettbewerb

Goldgewinnung und -verarbeitung

- Goldbergwerk
  Unter- oder oberirdische Goldgewinnungsanlage
- Goldader
  Goldhaltige Gesteinsader in der Erde.
- Goldgräber
  Person, die nach goldhaltigem Gestein gräbt.
- Goldwäscher
  Person, die Goldwäscherei betreibt.
- Goldmine
  Bergwerksanlage zur Gewinnung von Gold-Erz.
- Goldklumpen/ Nugget
  In der Natur vorkommendes reines Gold.
- Gold waschen
  Technologie zur Goldgewinnung
- Goldwaage
  Feinwaage für Edelmetall

- Goldschmied
  Handwerker, der Gegenstände aus Gold herstellt.
- Goldrausch/Gold-Rush
  Massenansturm im 19. Jh. auf entdeckte Goldvorkommen u.a. in Alaska am Klondike.
- Gold placer claim
  Offizieller Name für den Claim amerikanischer Goldgräber. Er entsteht durch das Abstecken öffentlichen Bodens mit Pflöcken und Namensschildern.
- Feinunze
  Gewichtseinheit für Gold und andere Edelmetalle
- Strichprobe
  Optisches Verfahren zur Bestimmung des Feingehalts von Gold und anderen Edelmetallen.

Pflanzen mit Gold im Namen

- Goldlack — Blume
- Goldregen — Strauch
- Goldmelisse — Heilkraut
- Goldtaler — sog. Dukatenblume
- Goldbuche — anderer Name für Rotbuche

Geld, Schmuck, Wertanlagen, Wertvolles aus Gold

- Goldmünze
  Früheres Zahlungsmittel; heute nur noch Wertanlage
- Goldmark
  Gesetzliches Zahlungsmittel in DL von 1871-1981

- Goldbarren
  Wertaufbewahrungsmittel für Anleger
- Goldreserve
  Nationale Goldbestände einer Zentralbank
- Goldring Schmuckgegenstand
- Goldkette Schmuckgegenstand
- Goldbrokat
  Wertvoller Stoff für Prunkgewänder
- Goldschatz
  Nichtöffentliche Ansammlung von Gold(-Gegenständen)
- Dublone Ehemalige spanische Goldmünze

Sprichworte & Redewendungen mit Bezug zum Gold

- Dieser Ratschlag war/ist Gold wert.
- Etwas auf die Goldwaage legen.
  Etwas ganz genau nehmen.
- Gold in der Kehle haben.
  Eine schöne Stimme haben.
- Nach Golde drängt, am Golde hängt doch alles.
  Zitat nach J.W.v.Goethe
- Goldene Berge versprechen.
  Unerfüllbare Versprechen machen.
- Jemandem eine goldene Brücke bauen.
  Ihm das Nachgeben erleichtern.
- Tanz um das Goldene Kalb.
  Menschliche Geldgier; die Macht des Geldes außerordentlich schätzen.
- Ein Herz aus Gold haben.
  Positiver Wesenszug; fürsorglich sein

- Es ist nicht alles Gold, was glänzt.
- Ihre Hilfe ist nicht mit Gold zu bezahlen/aufzuwiegen.
- Morgenstunde hat Gold im Munde.
- Reden ist Silber, Schweigen ist Gold!
- Sein Gewicht in Gold wert sein.
- Treu wie Gold sein.
- Goldjunge/-kind.
  Ein liebenswerter Mensch.
- Sich eine goldene Nase verdienen.
  Bei Geschäften finanziell sehr erfolgreich sein
- Goldrichtig.
  Das absolut Richtige.
- Goldene Hände haben.
  Handwerklich besonders begabt sein.

Gold in metaphorischen Farben

- Schwarzes Gold
  Öl, Kohle, Reifen (Rennsport), Kaviar, Kaffee, Sklaven, Trüffel,
- Weißes Gold
  Marmor, Speisesalz, Kokain, Baumwolle, Porzellan, Elfenbein, Spargel
- Blaues Gold
  Trinkwasser (in wasserarmen Gebieten)
- Rotes Gold
  Wein, Safran, Tomate
- Grünes Gold
  Zuckerrohr, Jade

Gold in anderen Variationen

- Flüssiges Gold Honig, Whisky, Bier, Cognac
- Gold des Meeres (Meeresgold) – Korallen
- Gold des Nordens Bernstein
- Blattgold
  Aus reinem Gold hergestellte dünne Folie.
- Ackergold Die Kartoffel
- Ährengold Das Getreide
- Katzengold Pyrit (goldglänzendes Mineral)
- Trompetengold
  Scherzhafte Bezeichnung für Messing.
- Nasengold Kokain, Nasensekret (Popel)
- Hüftgold Fettpolster am Körper
- Betongold
  Umgangssprachlich für geschäftl. Immobilienbesitz
- Goldener Oktober
  Milde, sonnige Wetterperiode im Oktober, so genannt wegen des goldgelb gefärbten Laubes.
- Goldene Mitte
  Goldener Mittelweg – Kompromisslösung
- Goldener Schnitt
  Harmonisch wirkende Teilung einer Strecke,
- Goldene Hochzeit
  Sie wird gefeiert nach 50 Jahren Ehe.
- Gold. Wasserhähne Sinnbild für Luxus und Dekadenz
- Blutgold
  Diente im 2. Kongokrieg (1998-2003) dem illegalen Waffenkauf.

- Raubgold
  Von den Nationalsozialisten 1933-1945 geraubte Wert- und Vermögensgegenstände.
- Schwarz-Rot-Gold Die Farben der deutschen Fahne.
- Rheingold Nostalgiezug der Deutschen Bahn

Gold in Märchen und Mythen

- Die goldene Gans
  Märchen der Brüder Grimm
- Goldmarie Märchenfigur
- Goldesel Die schier unerschöpfliche Geldquelle.
- Goldenes Vlies
  Nach der griech. Mythologie das Fell des Chrysomeles, eines goldenen Widders, der fliegen und sprechen konnte.
- Der Teufel mit den drei goldenen Haaren
  Märchen der Brüder Grimm

Sonstiges mit Gold

- Honda Gold Wing
  Japanische Motorradmarke
- Golden Hind
  Flaggschiff des Weltumseglers Francis Drake
- Goldstandard
  Ehemalige Währungsordnung der westlichen Welt
- Goldman Sachs
  Ehemalige US-amerikanische Bank

- Goldenes Zeitalter
  Wirtsch. Blütezeit d. Niederlande im 17. Jh.
- Goldbronze
  Auch Muschelgold genannte Farbe zum Malen
- Goldene Zwanziger
  Die Zeit von 1924 bis 1929 in Deutschland.
- Goldene Bulle
  Kaiserliches Gesetzbuch von 1356
- Der Goldene Schuss
  Ehemalige Spiel-Show des ZDF in den 1960ern.
- Der Goldene Handschuh
  Szenekneipe an der Hamburger Reeperbahn
- Goldener Handschlag
  Großzügige Abfindung für Arbeitnehmer.
- Die goldenen Sternlein prangen
  Zitat aus dem „Abendlied“.
- Gold der Inkas
  Mittelalterlicher Mythos der spanischen Eroberer
- Goldstaub
  Bezeichnung für umgangssprachlich etwas Wertvolles.
- Goldletter
  oldfarbener Buchstabe

Goldförderländer mit mehr als 100 Tonnen/Jahr (2014)

➢ China	450 Tonnen
➢ Australien	270
➢ Russland	245
➢ USA	211
➢ Kanada	160
➢ Südafrika	150
➢ Peru	150
➢ Usbekistan	102
➢ Weltfördermenge	2.860 (2014)

Gold in verschiedenen Sprachen

➢ Deutsch	Gold
➢ Französisch	or
➢ Englisch	gold
➢ Russisch	золото (zoloto)
➢ Spanisch	oro
➢ Polnisch	złoto
➢ Schwedisch	guld
➢ Ungarisch	Arany
➢ Chinesisch	金 (Jin)
➢ Hebräisch	זהב

Über den Autor Paul Rehfeld

Paul Rehfeld wurde im Oderbruch geboren und ist in der Landwirtschaft großgeworden. Mehr als zwanzig Jahre hat er in seinem Heimatdorf Kietz verbracht.
Im benachbarten Golzow erlernte er den Beruf eines Landmaschinen- und Traktorenschlossers und legte in Seelow sein Abitur ab. Studiert hat er an der Handelshochschule Leipzig, hier erwarb er 1982 ein Diplom in der Fachrichtung Ökonomie des Binnenhandels.
Viele Jahr lebte er in Frankfurt/Oder, wo er eine Familie gründete und bis 1997 zu Hause war. Bis zur Wende war er in verschiedenen Führungspositionen des bezirklichen Großhandels für Waren des täglichen Bedarfs tätig.
Schon in den achtziger Jahren schloss er sich in seiner Freizeit dem Frankfurter Kabarett DIE LINKSKURVE an, dort verfasste er bereits erste Texte für Songs und Spielszenen.
Mit Geschäftsfreunden gründete er nach der Wiedervereinigung mehrere Bauunternehmen und leitete dort den kaufmännischen Bereich.
Paul Rehfeld lebt in Berlin-Karlshorst und engagiert sich beruflich in einem mittelständischen Unternehmerverband.
Mit dem Land Brandenburg, dem Oderbruch und seinen Menschen fühlt er sich noch immer stark verbunden, dort hat er viele Freunde und ist in mehreren lokalen Vereinen tätig. Der Roman GOLDFIEBER ist sein zweites Buch.

Über die Illustratorin Lydia Nowottnick

Lydia Nowottnick ist im Harz geboren und lebt mit ihrer Familie in Berlin-Karlshorst. Bereits als Kind beweist sie ihr starkes Interesse am kreativen Gestalten jeglicher Art. Von jeher liebt sie es, die Schönheit der Dinge in ihrer ganz eigenen Sicht auszudrücken. Künstlerisch aktiv ist sie u. a. in den Bereichen Malerei, Musik, Poesie und Design. Neugierig saugt sie das Leben in sich auf und reflektiert es auf ihre ganz eigene Art.

Vor diesem Hintergrund vollzieht sich Lydias Lebensweg sehr abwechslungsreich, aber nie konventionell. Dies beförderte ihre Talente von Anfang an und schulte gleichzeitig den Blick für den Sinn und die Details der Dinge.

Lydia ist Autodidaktin. Sie malt mit Öl-, Acryl- und Aquarellfarben und zeichnet in kleinen und großen Formaten. Ihre Fähigkeiten reichen von der klassischen Salonmalerei über romantische Szenen bis hin zu Comics und surrealistischen Ansichten.

Für sie ist Kunst in erster Linie der tiefe Ausdruck menschlicher Seele. „Nichts ist normal, und Normalität ist nichts für mich!" Dieser Satz beschreibt den Menschen Lydia und ihr Können am besten.

Sie liebt verspielte Andeutungen und die unscheinbaren Details ihrer Umgebung.

Impressionen einzufangen und bewusst festzuhalten, was sich nur flüchtig zeigen will, zählen zu ihren stärksten Ambitionen.

Die Illustrationen und die Titelgestaltung für den Roman GOLDFIEBER gehören zu ihren zahlreichen Arbeiten für private und öffentliche Auftraggeber.

Kontakt: l.nowottnick@googlemail.com